Matthias Haring
Einfach? – nur reiten!

Matthias Haring

Einfach? – nur reiten!

Rediroma-Verlag

Bibliografische Information der Deutschen Nationalbibliothek:
Die Deutsche Nationalbibliothek verzeichnet diese Publikation in der Deutschen Nationalbibliografie; detaillierte bibliografische Daten sind im Internet über http://portal.dnb.de abrufbar.

ISBN 978-3-96103-873-2

Umschlagillustration:
Susanne Haring

www.rediroma-verlag.de
10,95 Euro (D)

für Ines und Susanne

Inhalt

Prolog

In unserem Haushalt finden sich zahlreiche Bücher über Pferde und Reitkunst. Darunter auch prächtige Bildbände, Lexika und vor allem Lehrbücher, die beschreiben, wie man richtig reiten lernt. Zu meiner Schande muss ich gestehen, dass ich bisher nie eines davon gelesen habe. Nicht einmal jenes, welches ich von Reitschülerinnen geschenkt bekam, damit meine Hinweise, welche ich ihnen als Aushilfsreitlehrer gab, über theoretische Grundlagen verfügen würden. Für die Fotos und deren Bildunterschriften begeisterte ich mich schon eher. Wenn ich auf mehr als dreißig Jahre Erfahrung als Reittourist zurückblicke und mir meiner gegenwärtigen Situation bewusst werde, stelle ich ernüchtert fest, dass ich gerade erst begonnen habe, tatsächlich reiten zu lernen. Oder, um es treffender zu formulieren: Ich lerne „um" und beschreibe in den nachfolgend als „Lektionen" bezeichneten Kapiteln meine persönlichen Eindrücke aktueller Trainingsstunden. Was ich als offenbar „ewiger Anfänger" noch so erlebte und wie es überhaupt dazu kam, füllt die anderen Seiten dieses Buches.

Lektion: Ich lerne reiten

„Gerade sitzen, groß machen, Hände zu und die Fäuste aufrecht stellen. Merkst du eigentlich, dass du beim Reiten regelrecht zusammenfällst?“

Nein, ich merke es nicht, weil ich mir schon seit einer gefühlten Ewigkeit keine Gedanken mehr darüber gemacht habe, warum ein Pferd das tut, was es gerade unter mir tut. Übergänge soll ich reiten. Vom Schritt in den Trab, wieder durchparieren und nach zwei Schritten sofort wieder antraben. Meine Reitlehrerin ist in dieser Sache unerbittlich. „Du bist hier, um zu reiten“, ruft sie mir zu, während meine Fuchsstute inzwischen vier Schritte gegangen ist. Sie braucht es nicht zu wiederholen, ich bringe Spannung in meinen Körper und es folgt Trab. Gerade freue ich mich, als ihre Stimme zu mir durchdringt und mich ermahnt: „Schnelle Wechsel, nicht einschlafen!“ Mir bleibt keine Zeit zum Nachdenken. Ich muss und will augenblicklich auf ihre Anweisungen reagieren.

So, oder so ähnlich geht das seit einiger Zeit in den privaten Reitstunden, die ich erstmals in Anspruch nehme, denn mir steht ja praktisch das Pferd meiner Frau zur Verfügung. Es handelt sich dabei um die neunjährige Stute „Coba Maya“, ein deutsches Sportpferd mit viel Trakehnerblut im Pedigree, für die ich mich nominell als Reitbeteiligung ausgebe. Tatsache ist aber, dass ich mich vor 2018 mehr als passiv zahlender Mitbesitzer fühlte, der gelegentlich einen Quartalsritt auf ihr absolvierte.

Dabei war ich durchaus regelmäßig reiten. Und zwar in dem Touristik-Reitstall, in dem vor mehr als dreißig Jahren meine Karriere als Freizeitreiter begann und dem ich einmal wöchentlich treu geblieben bin. Falls es dafür die Bezeichnung „Hybrid-Reiter“ gäbe, so trifft dies auf mich zu.

Der namenlose Reiter

Vom Kinderzimmerfenster unserer Mietwohnung im zweiten Stock reichte der Blick nordwärts über einen Sportplatz bis zum Rand des Leipziger Auwaldes. Der Radius unserer Ausflüge in die nähere Umgebung erweiterte sich als Kind mit einem Fahrrad enorm. Gemeinsam mit meiner älteren Schwester erkundete ich die Waldwege und wir gaben ihnen eigene Namen. Sie hießen dann „Fasanenweg", „Wasserstraße" oder auch „Pferdebeobachtung", denn in ungefähr zwei Kilometern Entfernung befand sich der Reiterhof, wo ich lange vor meiner ersten Reitstunde viel Zeit verbrachte. Die „Pferdebeobachtung" stellte nicht gerade meinen Lieblingsweg dar, denn auf anderen konnte man sich kleine Wettrennen liefern. Nach flotter Fahrt bot sich ein Abstecher in den kleinen Seitenweg an, der vor allem meine Schwester magisch anzuziehen schien. Zunächst fuhren wir von hinten an das Gelände heran, erhaschten Blicke über die Zäune und auf den Reitplatz, welcher sich in vierzig Jahren nur unwesentlich verändert hat. Nur standen die Pferde meistens in den Ställen, während man sie heute auf Koppeln viel besser sehen kann. Als meine Schwester dann mit dreizehn Jahren ihre Freizeit fast vollständig auf dem Reiterhof verbrachte, besuchte ich sie häufiger mit dem Fahrrad und wurde ein regelmäßiger Gast auf dem Reiterhof. Als Nichtreiter brauchte ich natürlich keinen Namen und so blieb ich viele Jahre der „Bruder von Ines", die dort als freiwillige Helferin immer bekannter wurde. Die damaligen Touristik-Pferde wurden vielseitig eingesetzt und verblieben an manchen Wochenenden nicht in Leutzsch. An Renntagen im Leipziger Scheibenholz ritten die besonders fleißigen Mädels vom Hof die Pferde zur Rennbahn, wo sie für das Kinderreiten so wie auf einem Rummelplatz eingesetzt wurden. Meine Schwester durfte oft mit dahin und ist zahllose Runden mit Kindern abgelaufen. Einmal kamen die Pferde bei einem Betriebssportfest fast direkt vor unsere Haustür. Sie drehten auf einem Teil des Sportplatzes ihre Kringel und natürlich durften wir Kinder dort reiten. Ich war gar nicht mehr so jung und um auf den Rücken des Tieres zu gelangen sollte ich den Unterschenkel anwinkeln und mich mit Schwung und Hilfestellung nach oben begeben. Meine Sportlichkeit ließ jedoch mehr als zu wünschen übrig und so scheiterte ich an dieser simplen Turnübung. Einer der Begleiter vom Reiterhof konnte es nicht fassen, dass ich mich wie ein „nasser Sack" anstellte und da die fünfzig Pfennige bereits bezahlt waren, hob er mich wie ein Kleinkind in den Sattel. Natürlich nicht ohne den entsprechenden Kommentar, der sinngemäß darauf hinauslief, dass ich mich schämen sollte, der „Bruder von Ines" zu sein. Es war so niederschmetternd, dass ich fortan keinerlei reiterliche Ambitionen entwickeln wollte. Auch endeten meine Besuche an der „Pferdebeobachtung" und auf den Hof traute ich mich eine ganze Weile nicht mehr. Es gab aber dennoch Möglichkeiten, sich an anderer Stelle zu rehabilitieren.

Neben den Hilfstätigkeiten auf der Rennbahn wurden häufig auch im Wildpark Pferdemädchen benötigt, um die „Ponybahn" mit Führern für das Kinderreiten zu bestücken. Ich war inzwischen ein Jugendlicher, der Kinder in den Sattel zu heben vermochte, aber auch die normale Hilfestellung beim Aufsteigen anbieten konnte. Offenbar qualifizierte mich das neben der Tatsache, „Bruder" einer der anerkanntesten Helferinnen zu sein, und so durfte ich auch Runden mit Pony am Zügel und Reitkind auf dem Rücken der geliebten Vierbeiner drehen.

Einen eigenen Namen hatte ich freilich noch nicht. Zu meinen schönsten Erlebnissen im Wildpark zählten Kutschfahrten mit dem Ponygespann. Immerhin schaffte ich es sogar auf den Beifahrersitz und für kleine Abschnitte brachte man mir bei, das Gefährt selbst zu lenken. Gleichzeitig steigerte sich mein Selbstbewusstsein und so traute ich mich auch wieder nach Leutzsch. Mein Interesse, den Hof zu besuchen, wuchs mit der Entdeckung, dass die Pferdemädchen ja tatsächlich Mädchen waren, auch wenn sie den namenlosen Bruder nicht als potenziellen Freund in Betracht zogen. Als meine Schwester eine ihrer Reitfreundinnen besonders häufig mit zu uns nach Hause einlud und sie uns sogar auf einen Urlaub in den Harz begleitete, machte ich die Erfahrung, dass man als fast gleichaltriger Junge nicht automatisch in die Rolle eines richtigen Freundes hineinwachsen kann. Ganz gleich, ob mir meine jugendlichen Gefühle dies vorgaukelten. Von meinem Taschengeld kaufte ich in Rostock ein Pferdeposter, welches ich ihr schenkte. Auch besuchte ich sie häufig mit dem Fahrrad. Romantisch schauten wir aus dem Fenster und lange verstand ich nicht, warum es nur bei einer Freundschaft blieb. Da nützte es nicht einmal, gemeinsam bei ihr daheim diverse Hausarbeiten zu erledigen. Sie sah in mir stets den Bruder ihrer guten Freundin und so blieb es, bis wir uns aus den Augen verloren.

Mit meiner ersten Ausbildung zum Grundschullehrer an einer Fachschule wechselten meine Interessen und Freizeitbeschäftigungen. Das Studium selbst war noch sehr verschult und an den Nachmittagen engagierte man sich verschiedenartig. Zu Hause feierte meine Schwester ihre Geburtstage mit Freunden vom Reiterhof und manchmal war ich mit dabei.

Erst zum Ende der vierjährigen Ausbildungszeit, im Oktober 1986, fragte ich sie, ob ich denn nicht auch einmal reiten könne. Sie schaute mich ungläubig an, weil ich bisher konsequent behauptet hatte, dass dies nie mein Sport werden könnte. Dennoch organisierte sie meine erste Reitstunde in Leutzsch und war auch selbst anwesend. Im Ergebnis zog sie ein diplomatisches Fazit: Ich müsse zunächst an die Longe, um ein Gefühl für den richtigen Sitz zu bekommen. Auch dies ermöglichte sie mir und weil ich mich doch bis auf das Aufsitzen nicht so hoffnungslos anstellte wie vermutet, durfte ich mir die nächsten Reitstunden selbst in der Reiterklause vorbestellen. Mit neunzehn Jahren begann so meine Karriere als Freizeitreiter, was ich als recht „spät“ empfand. Meine Schwester sagte nur: „Unfug, der alte Neckermann war vierundvierzig, als er bei der Olympiade im Dressurreiten antrat. Da ist bei dir noch alles drin.“

Lektion: „Es gibt keine faulen Pferde“

Es ist Montag, früh am Morgen, noch deutlich vor 6.00 Uhr. Normalerweise liege ich im Bett und könnte bis ca. 6.15 Uhr schlafen, bevor mein Wecker klingelt. Stattdessen bin ich wach und die gestrige Reitstunde zieht bildlich an mir vorüber.

Ich wollte natürlich alles richtig machen, was mir in den vorangegangenen Unterweisungen so beigebracht wurde. Wieso nur wirkte es nicht durchgängig befreiend, wenn ich begann, die Hilfen korrekt einzusetzen? In meinem Reitstil finden sich die Elemente eines Reiters, der im Urlaub seinen Fotoapparat aus der Tasche zieht und die Zügel lässig in einer Hand hält, um die Erinnerung im Bild festzuhalten. Das war in den letzten zwanzig Jahren kein Problem gewesen. Nun jedoch erhielt ich die Anweisung: „Die Zügel gehören beim Reiten nie in eine Hand. Gewöhn dir das das bei mir unbedingt ab.“

Ich weiß, dass es so richtig ist, aber meine vertrauten Angewohnheiten überlisten mich. Es kostet mich viel Konzentration, die Hände in der gewünschten Haltung aufrecht vor mir zu tragen, eher die Muskeln anzuspannen, als locker nachzugeben und mich auf die Bewegungen des Tieres unter mir einzulassen. Fast kommt es mir so vor, als befände ich mich in der Fahrschule, wo man als Anfänger mit der Technik und dem Erfassen der Verkehrssituation schnell überfordert ist. Die Koordination des eigenen Körpers auf einem Pferd verlangt zunächst einmal Haltung. Dabei sind schon die mechanischen Vorgänge, warum ein Pferd die Gangarten wechselt, nicht logisch nachvollziehbar. Als Reitanfänger mag man sich denken, dass die treibende Hilfe aus den Beinen kommt und man mit den Zügeln dem Pferd die Richtung weist. Geduldige Tiere, die schon zahllose Touristen auf ihrem Rücken transportieren mussten, spielen das Spiel oft mit. Die Erkenntnis, dass es sich anders verhält, entwickelt sich keineswegs automatisch.

Kürzlich sagte meine Reitlehrerin zu mir: „Es gibt keine faulen Pferde."

Davon merkte ich gerade das gefühlte Gegenteil. Coba lässt sich bei jedem Schritt förmlich bitten, selbst wenn die Energie über meinen Rücken durch die Sitzhöcker direkt aufs Pferd übergehen mag. Antraben, das habe ich doch mehr als tausendmal in den letzten Jahren gemacht. Aber mein Reittier weicht seitlich vom Platz und findet, dass es gar nicht notwendig sei, sich im Dressurviereck zu bewegen. Meine Versuche, auf den Platz zurückzukommen werden natürlich kommentiert: „Da fehlt der äußere Schenkel. Merkst du nicht, dass da nichts ankommt?"

Inzwischen ist das Ende des Platzes erreicht. Vor uns baut sich ein Blumenkübel aus Beton auf. Wir stehen ratlos davor. Unter uns hat der herannahende Frühling den Boden verlockend grün gefärbt. Coba interessiert sich noch nicht mal für die Grashalme. Es fühlt sich so an, als ob im Moment keiner der an der Reitstunde beteiligten Menschen oder Tiere Rat weiß. Nach schweigsamen Sekunden, die sich wie eine peinliche Ewigkeit anfühlen, atme ich aus. Ich setze mich gerade hin, spanne den Körper an, gebe leichte Hilfen und wir sind zurück auf den Dressurviereck. Habe ich mir jemals Gedanken darüber gemacht, welchen Einfluss unsere Atmung auf das Reiten haben kann? Ich muss jedoch einschätzen, dass es sich so anfühlt wie bei einem Fahrschüler, der nach einem Schaltvorgang im Auto die Kupplung sanft loslässt und in den zweiten Gang übergeht. So einfach kann es sein, richtiges Reiten zu erleben.

Die Uhr zeigt inzwischen 6.30 Uhr. Mich erwartet ein normaler Arbeitstag und ich werde mir als nächstes einen Kaffee kochen. In meinem Hirn rattert es derweil weiter, vergleichbar mit dem Geräusch, welches meine antike Mühle beim Zermalmen der frischen Bohnen von sich gibt. Nur kann man das nicht wahrnehmen, ähnlich der unsichtbaren Hilfen beim Treiben des Pferdes.

Indien: Fürstliche Pracht und Durchfall wie in „Tausendundeiner Nacht“

Meinen ersten Reiturlaub verbrachte ich in Mecklenburg, wo ich in Vertretung für eine Bekannte eine Woche lang Sternritte in die schöne Umgebung unternehmen durfte. Diese neue, faszinierende Art, Land und Leute naturverbunden auf dem Pferderücken kennenzulernen, hatte mich sofort begeistert. Einmal die Sehnsucht erweckt, wollte ich natürlich viel mehr davon erleben. Da ich das Hobby meiner Schwester zu verdanken hatte, schmiedeten wir gemeinsam Reisepläne, die uns bis in den Subkontinent Indien führen sollten. Ein Reiseveranstalter hatte das passende Programm, bestehend aus Kultur und Wanderritt im Angebot, nur ich leider nicht die Mittel dafür. Also nahm ich einen Kredit bei meinen Eltern auf, schickte meinen Pass für ein Visum an die Botschaft und versorgte mich zunächst mit neuer Reitbekleidung. 1994 waren Reitsportgeschäfte in Leipzig Mangelware und der Online-Einkauf noch nicht erfunden. Doch die Firma „Krämer-Pferdesport“ und den Versandhandel gab es bereits. Daher bezog ich meine ersten Mini-Chaps aus dieser Quelle, um nicht in meinen alten NVA-Stiefeln reiten zu müssen.

Ende März transportierte uns ein Flugzeug nach Delhi und von dort aus ging es mit einem abenteuerlichen Umweg per Taxi über das Taj Mahal nach Rajasthan. Ein Bruder des Maharadschas von Udaipur hatte sich darauf spezialisiert, Reittourismus durch die Aravalli-Berge anzubieten. Da die Dynastie der Herrscher von Mewar leider ein wenig zerstritten war, wie wir später erfuhren, empfing man uns am Abend nicht im Palast, sondern in einem großzügigen Anwesen am Rande der Stadt. Es war bereits dunkel, als das Taxi die Anhöhe erklomm und wir von vier berittenen Angestellten mit Fackeln in den Händen flankiert das Gebäude betraten. Ein Empfang, wie er fürstlicher nicht hätte sein können. Unser Gastgeber, seines Standes nach ebenfalls Maharadscha, ließ es sich nicht nehmen, uns persönlich zu begrüßen. Doch kam er nicht in feudaler Pracht mit einem Turban auf dem Kopf daher, sondern westlich leger in Jeans und Hemd gekleidet. Wenn man von Indien als einem Land der Gegensätze spricht, erlebten wir dies in diesem Moment überdeutlich.

Am nächsten Tag lernten wir sowohl den Stadtpalast von Udaipur als auch das weltberühmte Jag Mandir kennen, welches einer der Drehorte für den James Bond- Streifen „Octopussy" war. Als besondere Überraschung erwartete uns am Abend ein Dinner im „Lake-Palace-Hotel" mit erlesenen Speisen. Sie waren nicht dort zubereitet worden, weil der Bruderzwist der herrschaftlichen Dynastie zwar die gemeinschaftliche Nutzung des Hotels gestattete, aber aus Kostengründen die Versorgung der Touristen nach getrennter Abrechnung erfolgen musste. Unser Maharadscha hatte den bereits ausgemusterten und inzwischen fast achtzigjährigen Chefkoch seines Bruders in Dienst genommen und dieser kochte nun exklusiv für uns, Transport der Speisen über den Pichhola-See inklusive.

Obwohl ich bereits vorher Anzeichen für Durchfall hatte, ließ ich mir die filmreife Bewirtung nicht entgehen und kostete von der exotischen Vielfalt. Zum Glück begann der Trail noch nicht am nächsten Tag, denn mehrere Gruppenmitglieder klagten über Bauchweh und sahen nicht gesund aus. Meine Schwester verpasste so die Besichtigungspunkte des Vormittags, weil sie den Bus nicht verlassen wollte, und erst am Nachmittag betrat sie mit weichen Knien die mächtige Bergfestung von Kumbhalgarh. Noch am gleichen Abend erreichten wir den Ausgangspunkt des Wanderritts, ein Camp gleich neben dem prächtigen „Adinatha-Tempel" der Ortschaft Ranakpur. Unsere Zelte aus festem Stoff, welche über solide Metallkonstruktionen gespannt und mit hölzernen Betten ausgestattet waren, glichen kleinen Häuschen. Es wirkte beinahe so, als hätten wir ein historisches Heerlager der Kreuzfahrer betreten. Viele Rajasthani werkelten geschäftig am Lager, kümmerten sich um die Pferde oder warteten auf Anweisungen. Das Gepäck selbst tragen zu müssen, war natürlich völlig ausgeschlossen.

Am nächsten Morgen fühlten sich gesundheitlich alle in der Lage, den überaus prächtigen Tempel der Jain zu besichtigen, welcher fast komplett aus Marmor zu bestehen schien. Unser Feldlager wurde in der Zwischenzeit abgebaut und wir bekamen die Pferde zugeteilt. „Marwari" zählen zu den schönsten Pferderassen, die ich kennenlernen und reiten durfte. Ihre charakteristischen Säbelohren, die edle Haltung und ihr Gangwerk, welches wie „Isländer" ebenfalls über Tölt und Pass verfügen kann, machen sie in jeder Hinsicht außergewöhnlich. Ziel des Trails sollte ein großer Viehmarkt nahe der Stadt Pushkar sein und nun endlich ging es los. Die Sonne schickte ihre Strahlen trocken und heiß über das Vorland der Aravalli- Berge. Geier labten sich an den Resten verendeten Viehs und das Wasser unserer mitgeführten Trinkflaschen reichte gerade mal bis zum späten Vormittag. Unser großer, mindestens zwanzig Personen umfassender Reitertrupp bestand aus französischen und deutschen Pauschalreisenden sowie einer Anzahl von Reitbegleitern, die Handpferde als Ersatz mitführten. Dennoch kamen wir gut voran und wann auch immer wir eine menschliche Ansiedlung passierten, liefen uns die Kinder freudig entgegen und betrachteten uns mit einer Mischung aus Freude, Respekt und Bewunderung. Frauen in bunten Saris, schwere tönerne Wassergefäße auf dem Kopf tragend, taten dies aus gebührendem Abstand, aber nicht weniger neugierig. Die Auswirkungen des Kastensystems und die großen sozialen Unterschiede Indiens wurden uns hier auf dem Lande klar und unmissverständlich vor Augen geführt. Selbst in uns Touristen erblickte die arme Landbevölkerung sinnbildlich die Reiter der zur Kriegerkaste gehörenden Rajputen. Etwas vom Gedankengut vergangener Jahrhunderte herrschte offenbar noch immer in diesen dünn besiedelten Teilen Rajasthans.

Am späten Nachmittag erreichten wir unser bereits fertig errichtetes Camp und am Abend gab es neben frisch zubereitetem Essen auch kühles Bier. Schon in der Nacht musste ich mehrfach ins Toilettenzelt, weil mich Bauchkrämpfe und Durchfall plagten. Aber bis zum Morgen verschwanden diese Anzeichen des Unwohlseins und so ging es zu Pferde weiter durch die karge Landschaft im Umland der Wüste Thar. Auch zum Mittag konnten wir ein Getränk wählen und entschieden uns für ein „kühles Blondes“. Die durchschlagende Wirkung setzte bei mir ein, noch bevor es nach ausgiebiger Rast weitergehen sollte. Ich musste kapitulieren und fuhr stattdessen mit einem Jeep zum heutigen Nachtlager. Natürlich kam ich viel früher als meine Mitreiter dort an und nutzte die Zeit, um ein wenig die Umgebung zu erkunden. Dabei lernte ich, welchen Wert ein Kugelschreiber hatte, denn als ich einen verschenkte, nahm ihn ein Mann an sich, der mir auf Englisch erklärte, er sei der Lehrer und Dorfvorsteher in einer Person. Allein der Besitz eines Kugelschreibers, den man bestenfalls in westlicher Kleidung präsentieren könne, hebe die soziale Stellung eines Mannes. Danach beobachtete ich unseren betagten Koch, welcher seine Küchenhilfen anwies, das Kochgeschirr aus Metall mit feinem Sand an einem Rinnsal, das nahe dem Lager verlief, blank zu putzen.

Kurze Zeit später herrschte helle Aufregung, weil ein Bediensteter, versucht hatte, Bienen ihren Honig aus dem Stock zu entwenden. Folglich wurde er von einem Schwarm wild summender Insekten attackiert. Eines seiner Augen war schon verquollen und er wusste sich nicht zu helfen. Schnell griff ich zu einem Deospray, welches im Zelt bereitlag und sprühte den Kopf des Mannes ein. Augenblicklich verzog sich der Schwarm und er, befreit von den Plagegeistern, konnte sich ein kühlendes Tuch auf die Einstichstellen legen. Wenig später kamen gleich mehrere Männer des Camps zu mir, welche uns sonst eher diskret aus der Ferne zu bedienen hatten. Sie bedankten sich mit überschwänglichen Gesten für meine Rettungstat und ich versprach ihnen auf Englisch, dem Hersteller des Deodorants mitzuteilen, welche furiose Wirkung es bei aufgebrachten Bienen erzeugt hatte.

Auch in dieser Nacht trieb es mich mehrfach zum WC und den nächsten Vormittag überlebte ich nur, weil mein Reittier anstatt Trab zu gehen in den Tölt wechselte, bei dem die Magenschmerzen wesentlich besser zu ertragen waren. Ab Mittag war dann meine Leistungsgrenze erreicht und man flößte mir Elektrolyte ein, weil ich anscheinend keinen gesunden Anblick bot. Den großen Viehmarkt in Pushkar erlebte ich schließlich doch noch, wenngleich ich bis auf den ersten Tag fortan nur halbtags reitend unterwegs war. In meiner Erinnerung an diese erste große Reiterreise, die bis heute meine Vorstellungen über die Gegensätzlichkeit Indiens prägt, stellen die herrlichen Marwari-Pferde eine zeitlose Erscheinung an Kraft, exotischer Schönheit und Eleganz dar, welche ihresgleichen sucht.

Lektion: Und täglich einmal Hilfengebung

Meine Sichtweise auf die Verwendung von Zügeln wurde in den letzten Monaten gründlich auf den Kopf gestellt. Denkt man als Anfänger noch, damit so etwas wie einen etwas wackeligen Haltegriff zu bekommen, der wie ein Lenker mit Blinker funktioniert und gleichzeitig noch die Bremse darstellt, so begreift man als fortgeschrittener Reiter immer mehr, was für ein kompliziertes Kommunikationsmittel die Zügel in Wirklichkeit bilden. Es ist fast so wie bei einem Computer. Das Gerät beherrscht nur die Zahlen eins und null und dennoch löst es hochkomplexe Aufgaben, die sich unserem Verständnis entziehen.
Durch Zügeleinwirkung gibt es allein schon vier verschiedene Hilfen an das Pferd: die nachgebende, seitwärtsweisende, rückwärts richtende und haltende Zügelhilfe. In Kombination mit dem richtigen Zügelmaß bringen diese bei Anlehnung des Pferdes Harmonie und Präzision in die Bewegungen von Pferd und Reiter. Dabei genügen oft kleinste Bewegungen wie das rechtzeitige Öffnen eines Fingers, um das passende Signal zu geben. Ich höre aufmerksam den geduldigen Erklärungen meiner Reitlehrerin zu, bemerke nebenbei ihre perfekt gestylten Fingernägel und frage mich, welcher Mann in der Lage ist, ein solches Multitasking spielerisch zu beherrschen. Andererseits liest man ja auch ein Buch, ohne einzeln zu buchstabieren. Als Mensch kann man sogar auf Buchstaben verzichten und erkennt selbst in entstellten schriftlichen Begriffen den Sinn. Leider klappt diese Form der Kommunikation mit Coba noch nicht, obwohl ich in jeder zweiten Reitstunde zu hören bekomme: „Das Pferd macht doch alles für dich."

Um mehr Flexibilität in meine Finger und Hände zu bekommen, wollte Heidi schon diverse Klebebänder einsetzen, was bisher aber noch nicht stattgefunden hat. Demnächst werde ich mir wohl kleine Markierungen auf die Reithandschuhe kleben oder einfach weiter lernen, meinem Pferd besser zuzuhören.

Sieben Gründe für eine Runde in der Reiterklause

Da ich den Reitsport als ein gemeinschaftliches Erlebnis kennenlernte, gab es immer ein „Davor“ und ein „Danach“ hinsichtlich der Auswertung der Reitstunden. Die größte Gemeinsamkeit unserer Gruppe bestand nicht im reiterlichen Können, sondern in der Altersstruktur. Wir waren alle Anfang zwanzig, erlebten ganz nebenbei die politische Wende und genossen vor allem die Vorzüge der Jugend. Die Interessen bündelten sich beim Thema Pferd, aber ansonsten hatte jeder von uns vom Studium, von der Lehre oder von seiner Arbeit vielfältige Geschichten zu erzählen. Man war neugierig aufeinander und freute sich auf die wöchentlichen Treffen. Zahlreiche Freundschaften entstanden und manche davon haben bis heute überlebt. Besonders nach dem Wechsel von Freitagnachmittag auf Samstagvormittag blieb unsere Reitgruppe zusammen und ging oft nach dem Sport in eine der umliegenden Gaststätten. Neben einem Getränk galt es den Informationsaustausch über „Gott und die Welt“ zu pflegen. Da die Preise in der Gastronomie nur langsam das „Westniveau“ erreichten, konnte man es sich als Reiter leisten, neben den Reitstunden auch die eine oder andere Runde Bier in der Gruppe auszugeben. Und um die Wahrscheinlichkeit solcher gemeinsamen Trinkanlässe zu erhöhen gab es sieben Gründe für eine derartige „Runde“. Sagte man bei Tisch: „Prost Reiter!“, so hatte man das Glas in der linken Hand zu halten. Schließlich führt ein Reiter, der nicht im Sattel sitzt, sein Pferd mit der Rechten. Falsch gesattelt oder getrenst lief auf das gleiche Ergebnis hinaus. Ein ungeputztes Pferd mit Stroh im Schweif erhöhte unserem gepflegten Aberglauben nach nicht nur die Wahrscheinlichkeit, vom Pferd zu fallen, sondern sicherte ebenfalls die Getränke nach der Reitstunde.

Das Recht, „Halt!“ zu rufen, stand einzig und allein dem Reitlehrer zu, der im Gelände auch nicht unaufgefordert zu überholen war.

Diese zwei weiteren Möglichkeiten, den Geldbeutel zu erleichtern, kamen gar nicht so selten vor. Das Verlieren von Gegenständen und das unerlaubte Absteigen vom Pferd, einschließlich der durchaus vorkommenden Stürze erhöhten die Wahrscheinlichkeit von Trinkrunden. War man finanziell nicht in der Lage, seine Schulden sogleich in Form von Getränken zu begleichen, wurde alles um eine Woche verschoben. Gab es gar mehrere Verstöße von mehreren Reitern in einer Stunde, waren die nächsten Wochen sozusagen abgesichert, denn zu regelrechten Trinkgelagen am Vormittag oder Mittag kam es nie. Später, als ein Glas Wasser genauso viel kostete wie ein Glas Bier, nahm man es nicht mehr so genau mit den Gasthausrunden. Man durfte Kuchen backen, Sekt mitbringen oder sich irgendwas einfallen lassen, um die Gemeinschaft zu beköstigen. An dieser Tradition änderte sich jahrelang nichts, bis die Beziehungen der Gruppe dem normalen Wandel jeder zeitlich begrenzten Interessengemeinschaft unterlagen.

Lektion: haarige Pferdepflege

Ich habe mal wieder eine Einzelstunde auf unserem Pferd. Ein großer Unterschied zum Reiterhof in Leutzsch besteht schon allein darin, dass ich hier in jedem Fall viel mehr Zeit benötige, um Coba fertigzumachen. Das Putzen stellt somit die erste Verbindung zu meinem Reittier dar und auch wenn ich gerade bei den Einzellektionen immer recht aufgeregt auf dem Hof erscheine, versuche ich, dies gegenüber dem Tier nicht zu zeigen. Ich hole sie von der Koppel, wobei ich mir gelegentlich einen Zweig als Bewegungshilfe schnappen muss, denn in der Umgebung scheinen immer wieder unsichtbare Sperren aufgebaut zu sein. Mir ist bewusst, warum ich früher da bin, als es eigentlich erforderlich ist. Die Hektik, welche ich hätte, um Coba pünktlich gesattelt zu haben, könnte ich nicht binnen weniger Minuten abbauen.

Das Putzen selbst verläuft recht routiniert. Da der Winter gerade vorbei ist und die Pferde jede Gelegenheit nutzen, ein Schlammbad auf der Koppel zu nehmen, ist der Einsatz eines Metallstriegels hilfreich. Der Fellwechsel hält sich in diesem Jahr in Grenzen und dennoch schmecke ich Pferdehaare zwischen meinen Lippen. Coba steht ruhig, während ich in langen Strichen den Schlamm entferne und die Fellstruktur zu Tage tritt. Nach dieser ersten Behandlung wechsle ich zum normalen Striegel und der Kardätsche. Es gefällt mir, wenn sich langsam so etwas wie Glanz zeigt und sich die kleinen Wirbel glätten. Während Coba anfänglich nicht gern auf dem Kopf geputzt wurde, mochte sie den Mähnenkamm von Anfang an. Sie neigt sich dann immer ein Stück tiefer und scheint es tatsächlich zu genießen.

Das ist der Moment, wo ich hoffe, so könnte das auch sein, wenn ich oben sitze. Ein Blick auf die Uhr mahnt mich, nur nicht zu bummeln. Noch die Hufe auskratzen und das Sattelzeug herbeischaffen. Ein Privatpferd scheint stets über mehr Zubehörteile zu verfügen als ein Schulpferd. Ich bin diesbezüglich allerdings auch kleinlich. Die Mittelnaht der Schabracke soll bei mir auch mittig unter dem Sattel liegen, der Abstand vom Vorderbein zum Gurt eine Handbreit betragen und vor allem lege ich Wert darauf, dass das Sattelzeug gut ausgekammert aufliegt. Jetzt noch „fix" die Trense mit dem Halfter befestigen, dabei schauen, dass auch kein Riemen schief über den Pferdekopf verläuft und „schon" kann es losgehen.

Übrigens habe ich immer noch nicht die genauen die Unterschiede zwischen dem englischen, dem hannoverischen und dem kombinierten Halfter drauf. Ich weiß jedoch, dass Coba über ein sogenanntes schwedisches Reithalfter verfügt und ein mexikanisches ungenutzt im Sattelschrank hängt.

Geduldig schaut meine Reitlehrerin zu, bis ich endlich alles angebracht habe und mit Coba in die Halle gehe. Beim Nachgurten bleibt das Pferd nicht ruhig stehen und ihre Worte „lass sie da nicht rumzappeln, das ist eine Art Ungehorsam" holen mich in die Realität der gleich folgenden Lektion zurück. Sie zeigt mir noch, wie ich die Zügel halten soll, damit ich problemlos aufsteigen kann, und endlich kann die Stunde beginnen.

Tschechien: Auf den Spuren der Pferdeeisenbahn

Wenn mein Blick schnurgerade verlaufenden Eisenbahnschienen folgt, münden diese am Horizont in einem einzigen Punkt. Ein Ende ist nicht absehbar und so wirken sie wie ein zeitloser Pfad in die Unendlichkeit.

Im Jahr 1825 rollte mit der von George Stephenson konstruierten „Locomotion“ das erste Dampfross auf der britischen Insel. Die Maschine auf Rädern zog gleich mehrere Wagen, welche nicht nur Kohle und Weizen transportierten, sondern auch zahlreiche Passagiere. Ein ungleicher Wettkampf zwischen Technik und Tier begann, wobei sich der Sieger schon beim Vergleich der Leistung abzeichnete. Dennoch hatte man gerade zwei Monate zuvor auf dem europäischen Festland damit begonnen, eine mit echten Rössern betriebene Bahnstrecke zwischen Budweis und Linz zu errichten. Die Pferdeeisenbahn nahm 1832 ihren Betrieb auf, um hauptsächlich Salz aber auch Fahrgäste zu transportieren. Für die rund einhundertzwanzig Kilometer benötigten die hauptsächlich auf dieser Trasse eingesetzten „Noriker“ rund vierzehn Stunden, wobei nach dreißig Kilometern ein Pferdewechsel erfolgte. Erstaunlich, dass diese technische Kuriosität fast fünfundvierzig Jahre in Betrieb war, bevor man endgültig auf die überlegenen Dampfmaschinen umstellte.

Noch heute finden sich Überreste dieser Bahnstrecke im Grenzgebiet zwischen Österreich und Tschechien, welches im Sommer 2003 das Ziel einer pauschal gebuchten Reiterreise war. Die Beschreibung der Ausflüge versprach Sternritte in einer schönen Umgebung auf den Spuren der Pferdeeisenbahn sowie den Besuch mehrerer Burgen. Eine deutschsprachige Reitbegleitung sollte uns über Land und Leute informieren. Dies alles hörte sich vielversprechend an und Susanne buchte ihren ersten Reiturlaub mit mir. Auch meine Schwester lockte das Reiseziel und so fuhren wir schließlich gemeinsam nach Böhmen.

Unsere Anreise in die beim Ort Dolní Dvořiště gelegene Pension erfolgte über Österreich, da wir bereits die Vorwoche wandernd in der Hohen Tatra verbracht hatten. Die Strahlen der abendlichen Sonne tauchten die Landschaft in ein orangefarbenes Licht, das aber nicht darüber hinwegtäuschte, welchen heruntergekommen Anblick die Anwesen nahe der Grenze auf tschechischer Seite boten. Nur die mit roter Beleuchtung und eindeutigen Hinweisschildern gekennzeichneten Bars verrieten den touristischen Grenzverkehr hinter matten Scheiben mancher Etablissements. In was für eine Gegend sind wir denn hier nur gekommen, dachten wir noch, als wir von der Hauptstraße links auf einen kleinen Weg einbogen. Unser Ziel, die Pension „Kaliste“, hatte nicht den zweifelhaften Charme des Ortes, sondern war ein sehr schön restauriertes Haus mit weiß verputzten Wänden und rotem Ziegeldach. Ein herzlicher Empfang, die stilvolle Inneneinrichtung der Zimmer und der abendliche Tischwein besserten den ersten Eindruck von der Umgebung deutlich auf.

Am nächsten Tag erfolgte die Zuteilung der Pferde, welche allesamt Warmblüter waren und einen friedlichen Eindruck machten. Nach den obligatorischen Proberunden auf einem Reitplatz ging es in einem leichten Bogen rund um das malerisch gelegene Anwesen. Die Verständigung mit Jana, unserer Reitbegleitung, verlief nicht auf Deutsch, denn sie sprach nur ein paar Brocken Englisch. Es reichte jedoch aus, um zu erfahren, dass die Pension in zwei Monaten schließen würde und unsere Pferde zum Verkauf stünden. Mein Reittier sollte rund vierhundertfünfzig Euro kosten, was nicht mal dem Schlachtpreis in Deutschland entsprach. Dabei war es weder alt noch schien es gesundheitliche Einschränkungen zu haben. So holte uns der morbide Charme dieser im Grenzgebiet zu Österreich gelegenen Region wieder ein und die Stimmung wurde etwas melancholisch. Überhaupt erfuhren wir nur auf kleinen handgeschriebenen Zetteln, wann die jeweiligen Reitausflüge an den folgenden Tagen stattfinden würden. Vom täglich durchgeplanten Reiturlaub wich unser Tagesprogramm deutlich ab. Wir nutzen die reichlich verfügbare Freizeit für Ausflüge in die Umgebung. Zum Glück war die als UNESCO-Welterbe geführte Stadt Český Krumlov nicht weit entfernt und die denkmalgeschützte Altstadt erfüllte all unsere touristischen Erwartungen. Beim Bummel durch die Gassen und tollen kleinen Läden der historischen Gebäude verging die Zeit zwischen dem Ausritt am Morgen und dem Nachmittag wie im Fluge.

Zu unserem Tagesziel, der „Feste Tichá“, brachen wir erst nach 15.00 Uhr auf. Die Sonne brannte heiß auf dem Gleisbett einer Eisenbahntrasse, welcher wir ein Stück folgten und ich fragte mich, ob dies nicht Teile der alten Pferdeeisenbahn sein konnten. Leider war es nicht möglich, bei unserer Reitbegleitung Auskunft darüber zu bekommen. Immerhin zeigte Jana uns die Wallfahrtkirche „Maria Schnee beim Heiligen Stein“, welche nahe des Reitweges zu sehen war. Anschließend ging es weiter über Wiesen und Feldwege und durch kleine Wälder. Nach gut zweieinhalb Stunden tauchte ein kantiger, von Bäumen umstandener Bergfried auf. An den baulichen Überresten dieser Befestigungsanlage gab es ein Picknick und retour ging es fast die gleiche Strecke. Da sich die Temperaturen etwas abgekühlt hatten, wechselten wir häufiger in den Galopp, den die Pferde mit freudigen Sprüngen begrüßten. Einer dieser Hopser beförderte Susanne gleich in ihrem ersten Reiturlaub auf den „Boden der Tatsachen", doch sie konnte ohne nennenswerte Verletzungen weiterreiten.

Als wir erst gegen 21.00 Uhr den Stall erreichten, fühlten wir uns vom Tagesprogramm ganz schön erledigt und der Tischwein verhalf uns binnen kurzer Zeit zu einem erholsamen Schlaf. So vergingen auch die nächsten Tage mit abwechslungsreichen Ausritten, wobei die Pferdeeisenbahn keine Erwähnung fand.

Rund um Dolní Dvořiště gab es nur gelbe Schilder mit eindeutigen Hinweisen auf käuflichen Sex, aber nichts erinnerte an die einstige Pferdefernverbindung.

Der letzte Tag mit einem Ausritt führte uns an den Fuß der Burg Rožmberk, welche sich malerisch über der Moldau erhebt und dann war es schon wieder mit der Reiterei vorbei. Wir gaben unsere Pferde im Stall ab und fragten uns, welches Schicksal sie wohl erwartet, wenn die Pension in näherer Zukunft ihre Tore schließen würde. Um uns der traurigen Stimmung nicht vollständig hinzugeben, brachen wir nach 16.00 Uhr auf, um selbst die Spuren der Pferdeeisenbahn zu verfolgen. Im Ort Bujanov wurden wir schließlich fündig. Ein Schild vor einem Häuschen und davor ein knapper Meter Gleisbett, bestehend aus hölzernen Schienen, mit Flacheisen beschlagen und auf kleinen Steinfundamenten ruhend. Es gab sogar den Hinweis auf ein kleines Museum, welches um diese Uhrzeit allerdings schon geschlossen hatte. Glücklich über den kleinen Erfolg wollten wir noch weitere Überreste aufspüren und kamen so in den Ort Michnice, welcher für die Pferdezucht in Böhmen wohl einst von Bedeutung war. Über der Einfahrt zu einem großen Gutshof, dessen Stallungen schon von außen zu erkennen waren, prangte die Jahreszahl 1903. Drinnen wehte an einem Mast die Staatsflagge von Kanada und als wir neugierig näher herantraten, wurden wir freundlich auf Deutsch begrüßt. Tatsächlich befanden wir uns an dem Ort, wo einst Pferde gezüchtet wurden, doch das sei schon lange her, sagte man uns. Die jetzigen Besitzer, eine Familie, die vor acht Jahren aus Kanada hergezogen war und hier in Südböhmen den Traum einer Farmgemeinschaft leben wollte, hatte sich mit der Bewirtschaftung etwas übernommen. Nachdem die Tochter aus dem Familienbetrieb ausgestiegen sei, wären Mutter und Vater inzwischen zu alt, um die zum Gut gehörenden siebenundneunzig Hektar Landfläche allein zu bewältigen. Schon die Pflege der sechsundfünfzig Fleischrinder stelle einen täglichen Albtraum dar und dabei hätten die Tiere kaum Verkaufswert. Zu gern würde man wieder nach Kanada gehen, doch die finanziellen Mittel aus dem erneuten Verkauf brächten zu wenig Geld. Da wären da noch die vier Pferde, welche ebenfalls nicht mehr geritten wurden. Die Tochter hatte das Auto bevorzugt und ihr Mann sei inzwischen fast blind, erklärte uns die gebürtige Berlinerin ihre Lebens- und Leidensgeschichte. Sie zeigte uns noch die vier Pferde in den geräumigen Stallungen. Anschließend tauschten wir Adressen und Informationen aus. Mit der Geschichte der Pferdeeisenbahn kannte sich die Frau erstaunlich gut aus und so erhielten wir einen weiteren Hinweis zum Verlauf der alten Bahntrasse.

Nahe des Ortes Holkov, welchen wir noch besuchten, erblickten wir eine kleine gemauerte Brücke, die anschaulich vermittelte, wie man sich den eigens dafür errichteten Bahndamm vorzustellen hatte. In unseren Gedanken rollten wir die schwer beladenen Transportwagen auf den eisenbeschlagenen Schienen vorbei. Die Durchschnittsgeschwindigkeit für den Personentransport auf der Pferdeeisenbahn soll zwischen zehn bis vierzehn Kilometern pro Stunde betragen haben. An Umspannstationen gab es häufig Gastwirtschaften und so nannte man Bujanow auch die Kuchenstation. Wir bekamen bei solchen Gedanken Hunger und fuhren in die Pension Kaliste zurück, um ein letztes Abendessen zu genießen. Am nächsten Tag besuchten Susanne und ich das diesmal geöffnete Museum und erfuhren noch allerlei Wissenswertes über diese einstige Fernverbindung in Europa. Unser Heimweg zog sich wegen merkwürdiger Geräusche der Radlager in die Länge. Ganz so langsam wie mit dem von Norikern gezogenen Personenwagen rollte unser Auto dann doch nicht Richtung Budweis.

Zurück in Leipzig blätterte ich noch einmal im Lexikon. Die Pferdeeisenbahn hatte nie eine wirkliche Chance, sich gegen die dampfbetriebenen Stahlrösser durchzusetzen. Als im Jahre 1839 die vergleichbar lange Bahnstrecke von Leipzig nach Dresden ihren Betrieb aufnahm, dauerte die Reise lediglich drei Stunden und vierzig Minuten. Die allgegenwärtige Ökonomie und das Diktat der Zeit setzen sich letztlich immer durch. Es begrenzte nicht nur die Dauer unseres Reiturlaubs in Südböhmen, sondern auch den

Betrieb jener hübschen Pension „Kaliste“ und wahrscheinlich hat auch die Geschichte der Pferdezucht auf dem Gutshof von Michnice inzwischen ein Ende.

Die Existenz einer Pferdeeisenbahn ist nur ein kleiner Meilenstein der Technikgeschichte. Der Blick entlang ihrer viele Kilometer reichenden Gleise mag für ihre Erbauer bis an den unerreichbaren Horizont geführt haben. Doch markierte der winzige Punkt letztlich nicht die Unendlichkeit.

Lektion: Im Chaos von Pylonen

In der heutigen Reitstunde ist wieder Arbeit angesagt. Erklärte Ziele sind das Aussitzen im Trab und der richtige Einsatz von Gewicht und Schenkeln beim Ausreiten der Bahnfiguren. Auf dem Reitplatz sind bunte Hütchen verteilt. Sie stellen Tore dar, deren Durchfahrtsbreite kaum mehr als fünfundsiebzig Zentimeter beträgt. Das klingt viel, aber es ist wie beim Springen vom Startblock. Aus meiner Perspektive als Reiter sieht das verdammt eng aus. Nach dem Passieren der Durchgänge folgt ein Kegel, den ich einmal umrunden soll. Um dorthin zu gelangen, muss sich das Pferd bei einer korrekten Stellung nach außen bewegen. Wir probieren es im Schritt, was recht gut funktioniert. Coba scheint es zu mögen, sich um die Hindernisse herum in knappen Bewegungen zu schlängeln. Das Ganze erfolgt nun im Trab und, weil das Leichttraben so schön geklappt hat, gleich mal im Aussitzen. Die Anweisung hatte ich klar verstanden, aber die Hilfen kommen beim Pferd nicht an. Schon merke ich, wie ich die Hacken nach oben ziehe, zu weit hinter dem Sattelgurt treibe und das Pferd nicht antrabt, sondern seitwärts aus dem Dressurviereck weicht. Meine Reitgerte habe ich nicht zur Hand, denn sie wurde mir gleich am Anfang der Stunde abgenommen. Verkrampfen ist nicht hilfreich und so kämpfen mein Wollen und Können einen ungleichen Kampf, während ich versuche, die Spur zu halten und dabei endlich den richtigen Gang „einzulegen“. Es gelingt kurzzeitig, aber nach drei Trabschritten schaltet das Pferd im Tempo zurück. Wir sind bis auf zwei Schritte ans Hütchentor herangetrabt und hätten es bestimmt geschafft. In solchen Momenten ist es das Beste, durchzuatmen und neu zu beginnen, so, als wäre nichts gewesen. Jeder Tag auf einem Pferd verläuft irgendwie anders. Manchmal funktioniert alles wie von allein, aber heute mühe ich mich ab, als würde ich Konfetti mit einem Handlocher produzieren.

Meine Reitlehrerin bemerkt meine Anstrengungen. Ihr fällt auf, dass es nicht optimal läuft. Ihre Geduld verliert sie offenbar nicht und schätzt am Ende ein: „Es macht den Eindruck, als würdest du nach wenigen Reitstunden eine S-Dressur reiten wollen. Dabei haben wir doch gerade erst begonnen, an den Grundlagen zu arbeiten. Setz dich nicht unter Druck. Das wird schon!“

Ich glaube ihr aufs Wort.

Habe ich das „Pferdemädchen-Gen“?

In der Erzählung „Der kleine Prinz“ des französischen Autors Antoine de Saint-Exupéry wird der Held mit der Aufforderung: *„Zeichne mir ein Schaf“* konfrontiert. Ich arbeite im Kindergarten und schon oft erreichte mich die Bitte, ein Pferd aufs Papier zu malen. Ich habe es zwar versucht, aber so recht wollte es mir nicht gelingen. Allerdings gewährt mir mein Arbeitsfeld Einblick in die Vorstellungswelt vieler Kinder. Biografisch betrachtet erwacht die Liebe zu Pferden bei Mädchen oft schon im Vorschulalter oder spätestens während der Grundschulzeit. Dann beginnen sie, Tiere aller Art zu zeichnen oder sammeln Pferdezubehör sowie Abbildungen jeglicher Art. Meine Schwester entwickelte als Schülerin die Leidenschaft, alle damals in der DDR gedruckten Postkarten mit Pferdedarstellungen zu sammeln. Meine Hefte zierten dagegen Abbildungen diverser Weltraumfahrzeuge oder Ritterburgen und in meinem Spielzeug fanden sich lediglich ein paar geharnischte Ritter. Nicht einmal die Tiere dieser Helden meiner Kindheit vermochte ich abzubilden. Ihre Lanzen, Schwerter, Dolche und Kriegshämmer hingegen brachte ich detailreich auf Malblätter, fast wie für eine Schauwand im Museum zusammengestellt.

So entging mir sicher schon in früher Jugend ein Teil der Begeisterung, die mit dem Vervollkommnen der Darstellung von Pferdeköpfen einhergeht. Durch meine Schwester erhielt ich zwar Kenntnis über die diversen Abzeichen und Fellfarben, aber die Differenzierung der Unterscheidung genügte mir nach simplen Kategorien, wie Pony, Pferd oder halt ein schönes Pferd.

Als Pferdemädchen lernt man automatisch, wie vergnüglich es ist, die Mähne zu pflegen und für besondere Anlässe in kleine Zöpfe zu flechten. Doch dies ist nur eine Nebenerscheinung der allgegenwärtigen Liebe zum Tier. Im Pferd selbst erblickt ein Mädchen wahrscheinlich ihren ersten echten Freund. Mit dem möchte man nicht nur alle Zeit der Welt verbringen, sondern schick aussehen sollte er natürlich auch. Wen wundert es dann, wenn der erste Kuss auf einem Pferdemaul landet und gleichsam ein ideelles Verlöbnis zwischen Hufeisen und Herzen geschlossen wird.

Ein derartiges Bedürfnis habe ich bis zu dem Zeitpunkt, als ich Mitbesitzer eines Pferdes wurde, nie gekannt. Gleichwohl konnte ich mich als Junge allerdings auch nicht für Motorräder begeistern. Das Herumwerkeln an Zündung und Vergaser überließ ich meinen Klassenkameraden und notwendige Wege erledigte ich mit dem Fahrrad. Dieses konnte ich auch pflegen und mit einer besseren Gangschaltung versehen, was jedoch nicht einer tieferen Liebe entsprang, sondern dem natürlichen Vorkommen von Bergen auf Landstraßen in hügeligen Gegenden geschuldet war.

Bisher könnte man den Eindruck gewinnen, dass ich nichts von dem in mir trage, was das Klischee erfüllen mag, welches ich als „Pferdemädchen-Gen“ bezeichne. Weit gefehlt, denn es gibt neben dem Zeichnen von Tieren eine modernere Form, Kraft, Eleganz und Ausdruck dieser Tiere einzufangen. Natürlich spreche ich von der Fotografie, die ich dank meines Elternhauses förmlich in die Wiege gelegt bekam. Nun war es im vordigitalen Zeitalter eher ein Glückspiel, Pferde in Bewegung und Ausdruck abzubilden, zumal Farbfotos in der DDR einen Luxus darstellten. Ich kann mich erinnern, wie die Besuche auf der Rennbahn im Scheibenholz dazu beitrugen, dass ich zu meinen ersten vernünftigen Pferdebildern kam. Tierfotografie folgt ihren eigenen Gesetzen und so ist es nicht verwunderlich, dass die Fähigkeit, ein schönes Pferdeporträt aufzunehmen nicht über Nacht entsteht. Unterschiede in der Motivwahl kennzeichnen dann sicher noch das klassische Pferdemädchen und den Pferdeliebhaber, welcher das Tier schon mal als dekoratives Motiv in eine sehenswerte Landschaft oder Lichtstimmung einfügt.

Neben statischen Motiven gibt es aber noch die Steigerung in Form bewegter Bilder. Natürlich hatte ich in meiner Kindheit von „Black Beauty" und „Fury" gehört. Tatsächlich gesehen hatte ich die polnische Fernsehserie „Der Hengst Karino", an welche ich mich als gemeinsames Familienerlebnis erinnere. Dies weckte jedoch keine Emotionen, die meine reiterlichen Ambitionen gefördert hätten. Und um mich für das „Fräulein Grazyna" aus der Serie zu begeistern, war ich ebenfalls zu jung. Im klassischen Western oder den DEFA-Indianerfilmen spielten Pferde eher die Rolle von Statisten.

Eine Kuriosität bildete der russische Film „Der Reiter auf dem goldenen Pferd". Da man diesen Streifen mit Brille in 3D im Kino bewundern durfte, wurde er zu einem Kassenschlager. Trotzdem geriet mir die Handlung völlig in Vergessenheit. Die Effekte im Film waren allerdings atemberaubend. Ich erinnere mich lebhaft an den Moment, wo ein Lasso förmlich durch den Zuschauerraum flog und so mancher Besucher spontan einen Laut der Überraschung von sich gab. Auch begegnete ich damals der berühmten

Rasse der Achal-Tekkiner, die ich Jahre später in Ungarn selbst reiten durfte. Vielleicht besorge ich mir den Film übers Internet, wenngleich er nicht in 3D verfügbar ist.

Der Wunsch, wie im Film zu reiten, kam erst mit dem Fantasy-Streifen „Krull“ von 1983 auf. Er wurde in den DDR-Kinos gezeigt und ich sah ihn mehrfach, denn schon allein der Ritt auf den Flammenrossen zur mitreißenden Musik von James Horner klingt noch in meinen Ohren. Die Kaltblüter, welche in der Lage waren, aufgrund ihrer Stärke und Geschwindigkeit riesige Strecken zu überwinden, konnten sich sogar in die Luft erheben. An ihren Hufen bildeten sich Flammen und in der Nacht segelten sie wie eine fliegende Straßenbahn über den Filmhimmel, wie ein Studienkamerad die Szene beschrieb. Sollten Sie sich den Film ansehen, wird Ihnen leider immer der Vergleich mit dem modernen Verkehrsmittel vor Augen sein. In den Kinos der DDR hatte man fast zeitgleich technisch nachgerüstet. Dolby Surround verstärkte den Eindruck, dass die Pferdeherde mitten durch den Kinosaal galoppierte. Unvergesslich!

Nur kurze Zeit später nach der Ausstrahlung von „Krull“ sprengten die Ritter der Tafelrunde zu Carl Orffs „Carmina Burana“ durch eine blühende Kirschplantage. Das Banner des „Pendragon“ wehte heroisch, während die Blütenblätter wie Schneeflocken an einem lichtdurchfluteten Wintermorgen die Galoppade von König Artus umfingen. Auch dies ist eine der Schlüsselszenen des Filmes, welche meine Fantasie hinsichtlich Reiterei mehr als nur beflügelten und den Wunsch bestärkte, dies selbst zu erleben.

Einige Jahre später bekam ich die Gelegenheit dazu. Der Abteilungsgalopp führte durch einen sehr trockenen Pappelwald und der Wind riss die Blätter von den Bäumen. In meinem Kopf ertönten die Klänge von „O Fortuna“ und ich sah mich gleichsam als Ritter der Tafelrunde auf einem edlen Streitross dahingleiten.

Alle weiteren Filme, die sich um das Thema Pferd und Reiter ranken, erlebte ich schon als aktiver Reiter. Mein Verständnis und die Begeisterung sind wie bei einem „Pferdemädchen“ jetzt einfacher zu wecken. Es ist sogar möglich, den umgekehrten Weg zu gehen und Kinder- und Jugendfilme wie „Ostwind“ als Erwachsener toll zu finden. Nach einem Besuch der Stallanlagen von Schloss Vitzenburg schaffte ich sogar „Bibi &Tina“, wenngleich ich bei den Gesangseinlagen gern vorgespult hätte.

Im Rollenverständnis eines tierischen Partners gibt es auch kleine Abweichungen. Als Mann reicht es mir meistens zu wissen, wo das Pferd seinen Stall hat und dass es ihm dort gut geht. Beim klassischen Pferdemädchen finden sich mehr Objekte im persönlichen Besitz. Vom Hufeisen bis zum Schweifhaar reichen die Andenken, welche man außerhalb des Stalls aufbewahrt oder mit sich herumträgt. Ich bin schon mit den Fotos glücklich, was mich letztlich zu der Erkenntnis führt, dass der Stallgeruch in den Nasen der Pferdefreunde vertraut, aber differenziert wahrgenommen wird. Das Klischee des klassischen Pferdemädchens erfülle ich wohl nie, auch wenn ich im Traum schon oft malerisch in den Sonnenuntergang geritten bin.

Lektion: „Hörst du deinem Pferd auch zu?“

Da ich gerade das Grundlagenwissen des Reitens neu erlerne, ist mir eine Besonderheit aufgefallen, welche meine soeben absolvierte Lektion bestimmte.

Pferd und Reiter befinden sich nach einschlägiger Meinung in einem Dialog, der für die Umgebung oft nur in Mimik und Gestik sichtbar wird. So wäre es meine Aufgabe als Reiter, dass sich Coba für den Menschen, der da auf ihr sitzt, im konkreten Falle also mich, auch interessiert. Und damit meine ich nicht, dass sich die Nase des Pferdes auf die Tasche der Reitweste zubewegt, weil da eine Möhre oder ein Leckerli versteckt sein könnte. Am besten schildere ich diesen leicht verständlichen nonverbalen Austausch mit den Worten meiner Reitlehrerin, die mich mal wieder durchschaut zu haben meint, weil ich nach ihren Erklärungen doch recht ratlos in die Weltgeschichte blicke.

„Du stellst dir gerade vor, du bist der Reiter und das Pferd unter dir sollte genau das machen, was du dir wünschst. Hast du dir mal überlegt, dass es auch andersherum geht und du Signale vom Pferd bekommst?“

In meiner Vorstellung gelange ich tatsächlich nur von mir bis zum Pferd. Dessen Signale aufzufassen, dass ein richtiger Dialog entsteht, gelingt mir offenbar nur ansatzweise. Ich möchte es tatsächlich fühlen können und schalte die Umgebung für einige Augenblicke aus. Nichts, was sonst wichtig erscheint, soll mich jetzt stören. Unwillkürlich verlangsamt mein Hirn auf Schneckentempo, welches tatsächlich eine beruhigende Wirkung auf mein Pferd zu haben scheint. Mein Körper passt sich dem Takt des Tieres unter mir an und genau in dem Moment, als ich nicht erzwingen möchte, dass es exakt dem Hufschlag folgt, gelingt dies erstaunlicherweise ohne Mühe. Noch bei der letzten Runde war ein aktives Gegenreiten erforderlich, um Coba in der Bahn zu halten. Nun läuft sie freiwillig dort, wo ich öfter nur nach kleinem Kampf hingelange.

Natürlich hat meine Reitlehrerin den Vorgang im Blick und kommentiert: „Schön, siehst du, sie kaut sogar, bietet sich an und ist gerade bei dir.“

Es ist nicht erforderlich, ihren Kommentar durch eine optische Bestätigung zu überprüfen. Es fühlt sich tatsächlich gut an. Nur zugeben möchte ich das ihr gegenüber nicht, denn schon bei der nächsten Aufgabenstellung endet mein kurzer Dialog mit dem Pferd in einem Auftrag, den ich mir selbst stellte: „Mach das, was Coba jetzt womöglich sagt, und mach dies gut!“

Doch ein Dialog funktioniert nun mal am besten zwischen zwei Beteiligten. Ich versuche erneut, die Aufmerksamkeit des Pferdes auf mich zu lenken. In meiner Jackentasche sind noch zwei Leckerli. Das verrate ich Coba aber jetzt noch nicht. Sonst steigt gewiss der Preis fürs Zuhören meines Pferdes.

Ukraine: Ohne einen Wodka am Morgen steige ich gar nicht erst aufs Pferd

Ein bekanntes Studentenlied aus dem Jahr 1825 beginnt mit den Zeilen:

„O alte Burschenherrlichkeit,
wohin bist du entschwunden?
Nie kehrst du wieder, goldne Zeit,
so froh und ungebunden!“

Das Erreichen sogenannter runder Geburtstage ist seit meinem persönlich als ganz furchtbar empfundenen Dreißigsten stets ein Moment, darüber nachzudenken, ob die Zeilen schon auf mein Leben zutreffen. Eine weitere Dekade war verstrichen und es beschlich mich das Gefühl, man könnte irgendwann keine längeren Wanderritte mehr machen, weil man schlichtweg zu alt dafür ist. In diese düsteren Aussichten platzte die Idee einiger meiner ehemaligen Reitfreunde aus Leutzsch, mich mit in die Ukraine zu nehmen. Man könne doch ein wenig die goldenen Zeiten zurückholen, welche seit dem Zerfall unserer Samstags-Reitgruppe nur noch in den Erinnerungen stattfanden.

Die Reise war für Ende Mai 2007 geplant und es war klar, dass ich sie ohne meine Frau antreten würde, weil sie nicht in die Schulferienzeit fiel. Sie stellte mich unter Erteilung der Auflage frei, die Lebensphilosophie „Wein, Weib und Gesang“ nicht wortgetreu umzusetzen. Meine Reitfreunde beauftragte sie scherzhaft damit, die Enthaltsamkeit der zweiten Zutat etwas genauer im Blick zu behalten, was im Prinzip aber unnötig sei, denn sie würde ja ohnehin alles erfahren.

Wir fuhren in zwei Etappen in die westliche Ukraine, wobei wir am ersten Tag nur bis ins südpolnische Rzeszów mit dem Auto reisten. Die Fahrt kam uns endlos vor. Der Empfang bei Marek, welcher für seine zahlreichen Reittrails in Polen bereits einen legendären Ruf besitzt, fiel am frühen Abend sehr herzlich aus. Es gab nicht nur ein Festessen, sondern auch jede Menge Wodka, welcher seiner Meinung nach natürlich besser sei als das, was wir in den nächsten Tagen zu trinken bekommen würden. Am nächsten Morgen entließ er uns aus seiner Gastfreundschaft auch nicht ohne gleich nochmals auf Gesundheit, Freundschaft und auf Polen mit einem Wodka anzustoßen. Ich ahnte es schon, dieses Ritual würde es von nun an täglich geben.

Mit einem zum Bus umgebauten Kleintransporter verließen wie die Europäische Union ostwärts und machten eine kurze Pause in Lwiw, dem ehemaligen Lemberg, dessen Innenstadt inzwischen zum UNESCO- Welterbe zählt. Mir fiel nur die Ähnlichkeit zu den Innenstädten der ehemaligen DDR auf, wo kurz vor der Wende lediglich die Prachtbauten auf den Postkartenansichten einen frischen Putz sowie Anstrich erhalten hatten. Rostige „Tatra“-Straßenbahnen, deren Farbe längst verblichen war, quietschten durch die Gassen der engen Straßen. Ein Blick in die Hinterhöfe genügte, um zu erkennen, dass wir uns in einem armen Land mit einem reichen kulturellen Erbe befanden.

Unser Wanderritt begann mitten in den Überresten einer ehemals als kollektive Landwirtschaft betriebenen Kolchose, deren baulicher Zustand eher mit Ruinen vergleichbar war. Die Pferde unseres Gastgebers waren dagegen in einem deutlich besseren Zustand. Den prachtvollen isabellfarbenen Hengst, welchen man mir zugeteilt hatte, beherrschte ich allerdings nicht, weil eine der mitlaufenden Stuten rossig war. So tauschte ich mit unserem verständnisvollen Reitguide und bekam stattdessen eine überaus zuverlässige Stute, welche mich von ihrer Färbung her ein wenig an ein Fjordpferd erinnerte. Mit der aus dem russischen Märchenfilm bekannten „Schönen Wassilissa" teilte sie leider nur den Namen. An ihrem Charakter dagegen gab es nichts auszusetzen und das war mir viel wichtiger, als in den kommenden Etappen einen spitzigen Hengst zu bändigen. Wenn man einen Wanderritt absolviert, gibt es unterschiedliche Kategorien an Komfort und dieser hier zählte zu denen, wo man auf nichts verzichten musste, obwohl wir in Zelten schliefen und oft nur sehr einfache Waschgelegenheiten benutzten. Das Gepäck transportierte ein LKW, welcher auch über eine mobile Küche verfügte. Zum Begleitpersonal zählten eine Dolmetscherin und ein Hausmeister für unser Camp sowie eine Köchin, welche Spezialitäten der ukrainischen Küche mehrfach täglich frisch zubereitete. Um die Pferde kümmerte sich neben Iwan, unserem Guide, auch seine Freundin, die den Trail reitend begleitete. Gegessen wurde stets gemeinsam und nach dem Genuss von Birkenwasser, Tee und Bier ging man zu Wodka über.

So kam der Abend und mit ihm die Lagerfeuer und es wurde so viel gesungen, wie ich es noch nie in einem Urlaub erlebt hatte. Meine Reitfreunde hatten mich mit dem Hintergedanken gefragt, an dieser Reise teilzunehmen, weil sie wussten, dass ich in früheren Tagen einige Lieder mit mehr als einer Strophe interpretieren konnte. Zur Sicherheit hatte ich zwei Liederbücher dabei und eine unserer deutschen Reiterinnen auch. Unser abendliches Duell der Gesänge am Lagerfeuer endete stets mit der stimmlichen Überlegenheit unserer Gastgeber, deren herrlich getragener Gesang ihrer zahlreichen Volksweisen mir als lebhafte Erinnerung im Gedächtnis nachklangen. Da wir die Zeit der Mittagsrast an den folgenden Trailtagen nicht selten dazu nutzten, um unsere Textsicherheit einiger Volkslieder für den Abend aufzubessern, wurden die Nächte länger und der Verbrauch an Wodka stieg.

Heißt es nicht, dass man am Morgen zuerst das trinken soll, womit man am Abend zuvor aufgehört hatte? Moderne Mundspülungen enthalten schließlich auch Alkohol, redeten wir uns ein und setzten uns praktisch an keinem der folgenden Tage nüchtern aufs Pferd.

Die unverbaute Landschaft am großen Fluss Dnister zeichnete sich häufig durch Hochflächen aus, welche zum Ufer des Stromes hin abfielen und dabei reizvolle Blicke auf die gewundene Flusslandschaft boten. Kein Windrad drehte sich beunruhigend. Auch zerschnitt keine Hochspannungsleitung die mit leuchtend roten Mohnblumen bestandenen Wiesen, welche außer diesen hervortretenden Farbtupfern einen vielfarbigen Teppich bunter Blütenpracht bildeten. So reizvoll sich die Natur auch in Szene setzte, umso erschreckender wirkten die verfallenden Landwirtschaftsbetriebe sowie die ärmlichen Dörfer, welche sich nicht selten mit achtlos weggeworfenem Hausmüll ankündigten. Die zentrale Ordnung eines organisierten Staatswesens war einem allgemeinen Verfall gewichen und ich fühlte mich in die Filmkulisse eines Spielfilms über die Zarenzeit zurückversetzt. Gelegentlich sah man noch Mädchen in Schuluniformen, leicht an den übergroßen Schleifen im Haar erkennbar. In der Hand hielten sie allerdings schon ein Smartphone, während buntgescheckte Kühe auf dem unbefestigten Feldweg neben ihnen dahinzogen. Dieses Bild versammelte die Attribute mehrerer Jahrhunderte in einem winzigen Ausschnitt. Genauso kontrastreich schien es um die Wirtschaft des Landes zu stehen. Die Ansprüche junger Menschen begegneten einer offenbar längst überholten Vergangenheit, die ökonomisch betrachtet wohl eher die Realität abbildete.

Unser Weg durch die weite Landschaft schien dem Rhythmus der hier herrschenden Mentalität angepasst. Nach einer gerittenen Strecke folgte oft eine sehr lange Pause, in der man genügend Zeit hatte, Tagebuch zu schreiben, Blumen zu fotografieren und noch ein Schläfchen im Schatten des LKW zu halten. Zeit schien nur eine untergeordnete Bedeutung zu haben und als wir eines Nachmittags erst gegen 15.00 Uhr die Siesta beendeten, hatte sich der Himmel schon zugezogen. Die Hitze des Vormittags zauberte beeindruckende Wolkenformationen an den Himmel, Vorboten eines Gewitters. Noch während wir eine weite Ebene überquerten zuckten bereits erste Blitze am Himmel. Die Pappelallee, welche wir wenig später erreichten, bot kaum Schutz und so ging es weiter, kaum dass die letzten Bäume hinter uns verschwunden waren. Erneut lag nur freies Feld vor uns und der Wind zauberte Staubwirbel, die scheinbar mit den Wolken am Himmel um die Wette liefen.

Ohne an ein Anhalten zu denken, nestelte ich meinen Regenumhang aus meiner Tasche und wollte ihn überwerfen, was bei den Windböen, die das Gewitter begleitenden, nicht gelang. Iwan signalisierte Galopp und wir rasten los, so schnell es die Pferde es vermochten. In der Ferne zeichnete sich ein Waldstück ab, doch davor erwartete uns eine weite Fläche unter den am Himmel zuckenden Blitzen. Mein Regenumhang flatterte wie ein Banner voranstürmender Truppen und ich war dankbar für die Tatsache, dass mein Pferd keinerlei Notiz davon nahm. Auch unsere Tiere schienen zu merken, dass man zunächst Schutz suchen sollte. Zwischen den Bäumen angekommen zogen alle ihre Regenkleidung an und ein heftiger Guss setzte ein. Mit ihm verschwanden Blitz und Donner, sodass wir weiterreiten konnten. Hinter dem kleinen Forst erblickten wir wieder weites Feld, welches zu durchqueren war. Der Regen hatte die rötlich-braune Erdoberfläche in eine schlammige Schicht verwandelt. Ein letzter eindrucksvoller Blitz zerriss als Erinnerung an die Wettererscheinung nochmals den Himmel, wobei der Regen bereits in leichtes Tröpfeln übergegangen war. Wir schienen sicher und ritten auf einer Wiese weiter. Dass wir dann ausgerechnet bergab im nassen Gras galoppieren mussten, schien nur unseren Guide zu amüsieren. Ständig merkte ich, wie die Hufe meiner Stute wegrutschten, und ich hoffte, dass sie sich ausbalancieren würde.

Im Tal angekommen stießen wir auf einen Bachlauf mit knöcheltiefem Schlamm. Die Pferde veranstalteten ein Riesentheater und gingen nicht durch die Furt. Wer sportlich sitzenblieb, machte auf seinem Reittier einen Satz aus dem Stand, und wer abstieg, wusste, dass Schuhe putzen das Abendprogramm bilden würde. Dennoch wählte ich die zweite Option.

Am späten Nachmittag erblickten wir das Tagesziel, eine Burgruine in einem Talkessel, aus dem sich fetzenartig der

Nebel erhob, was einen märchenhaften Anblick bot. Doch noch waren wir nicht am Ziel. Ein weiteres Rinnsal stellte das nächste unüberwindliche Hindernis dar, welches es zu passieren galt. Zu Fuß gelangte ich nach einer kleinen Kletterpartie über felsigen Untergrund in den Innenhof der Burgruine. Wenig später graste meine Stute friedlich zwischen alten Mauern.

Unsere ausnahmsweise feste Unterkunft in einer Baracke des unweit gelegenen ehemaligen Ferienlagers bot eine große Annehmlichkeit – eine Dusche mit heißem Wasser. Am Abend wurde, wie immer in diesen Tagen, gesungen und getrunken. In den romantischen Balladen ukrainischer Volkslieder, welche am knisternden Feuer erklangen, war es einfach, den Anlass dieser Reise zu vergessen und sich zeitlos jung zu fühlen, wie es im Studentenlied wehmütig beschrieben wird. Denke ich jetzt an die Ukraine, so höre ich den Klang eines goldenen Zeitalters.

Lektion: Wie finde ich das richtige Zügelmaß?

Meine heutige Reitstunde soll dazu dienen, das Aussitzen zu verbessern, um einen korrekten Übergang vom Trab in den Galopp zu ermöglichen. Diese Zielstellung gerät schon am Anfang des Unterrichts ein wenig in den Hintergrund. Es war mir schon klar, dass man ein den Kontakt zum Pferd auch über die Zügel herstellt und es bestenfalls so reitet, dass es vorwärts-abwärts läuft, ohne dabei „auseinanderzufallen“. Dazu ist es notwendig, die sogenannte „Anlehnung“ zu erzeugen, welche bei Schritt, Trab und Galopp erfordert, die Zügellänge flexibel auf die Bewegungen des Pferdes anzupassen. In der Theorie hört sich das wunderbar einleuchtend an. Kommen wir doch mal zur konkreten Umsetzung: Noch befinden wir uns am Anfang der Stunde. Das Pferd sollte sich zunächst „warmlaufen“. Große Bewegungen, keine engen Wendungen und die Zügel genau so lang, dass sich das Pferd bei Bedarf strecken kann.

„Geh doch mal mit den Händen tief und breit!“

Sofort weckt es eine Erinnerung in meinem Hirn, die ich als Reitanfänger vor Jahren hörte. „Die Zügel hält man nicht wie einen Lenker, aber schön eine Handbreit über dem Widerrist.“

Und nun das! Es kam noch besser: „Mach doch mal die Arme lang, geh in der Bewegung leicht mit!“

Ach so, also keine leichte Beugung in den Armen, um in plötzlichen Situationen tatsächlich die Hebelwirkung des eigenen Körpers einsetzen zu können. Ich frage nach, aber da sind wir scheinbar schon mitten in der nächsten Übung. Ich habe es einfach nicht geschafft, das richtige Zügelmaß zu finden. Mein einziger Trost in dieser Situation besteht darin, dass das Pferd leicht kaut und seine Aufmerksamkeit auf mich als Reiter richtet. Dann wechseln wir die Gangart und für den korrekten Trab bedeutet es, mehr Zügel aufzunehmen. Nach ungefähr der dritten Korrektur der Länge scheint es endlich zu passen. Ich kam nicht dazu, Coba mit der inneren Hand leicht am Hals zu loben, so sehr war ich darauf fixiert, dass der Kontakt zum Pferdemaul auch gegeben war. Kommentar meiner Trainerin: „Da kommt nichts an, denn deine Hände sind nicht geschlossen."

Warum in dieser Situation schuldbewusst nach vorn sowie nach unten blicken- sie hat (wie immer) Recht. Da ich mich nicht so anstellen will, wie es aus ihrem Augenwinkel betrachtet den Eindruck erweckt, bilde ich mit den Daumen das „Dach" auf den Fäusten und schließe die Zügel regelrecht ein. Na, erahnen Sie, welche Bemerkung nun kommt?

„Du bist viel zu steif in der Handhaltung. Das muss flexibler werden."

Dabei sind wir noch immer im Trab und mir fällt plötzlich auf, dass ich nicht im Takt treibe. Coba verzeiht es mir und meine Konzentration wandert auf die Hilfengebung beim Einsitzen zum richtigen Zeitpunkt. Meine Hände sind leider noch immer nicht richtig geschlossen. An die nächste Korrektur erinnere ich mich nicht so genau. Zu hoch, zu tief, zu starr, nicht gleichlang oder alles auf einmal. Irgendwie dringen diese Informationen an mein Ohr und um das noch besser zu illustrieren, ergänzt die Reitlehrerin: „Weißt du, du denkst einfach zu viel. Das richtige Zügelmaß zu finden, ist nicht leicht. Wie wäre es, wenn wir jetzt mal dazu übergehen, dein Aussitzen zu verbessern, damit du mir beim Angaloppieren auch die Körperspannung hältst?“

Über meine Reitlehrerinnen – lernen zwischen Respekt, Bewunderung & Schwärmerei

Aus meiner Schulzeit kenne ich den schlauen Spruch, dass wir für das Leben lernen, nicht etwa für den Lehrer. Als meine Berufswahl genau in diese Richtung tendierte, schien dies immer noch eine unumstößliche Wahrheit darzustellen. Inzwischen bin ich mehr als dreißig Jahre in der Bildungsbranche tätig und meine Meinung zu diesem Thema ist deutlich differenzierter geworden. Es stimmt wohl, dass unser Wissenszuwachs vordergründig von Interessen geleitet wird. Die wahre Begeisterung wecken jedoch Personen, die uns entweder als Vorbilder dienen oder die es schaffen, eben jene Grenze zu überwinden, die das Lernen zu einer wahren von tiefgehenden Emotionen begleiteten Freude werden lässt. In Bezug auf meine reiterlichen Fortschritte bin ich geradezu abhängig vom Status meiner jeweiligen Beziehung zu den Reitlehrerinnen geworden, welche mich in den letzten Jahren unterrichteten. Den Beginn meiner Karriere als Freizeitreiter markierte eine Frau, die einen legendären Ruf hatte. Ihr wahres Alter habe ich nie erfahren, denn für uns als Reitschüler war sie stets jenseits der siebzig gewesen. Damit war sie so zeitlos, dass die emotionale Bindung in erster Linie auf Respekt beruhte. Freitags Nachmittag um 17.00 Uhr war die erste Reitstunde in Leutzsch, die ich regelmäßig besuchte. Der Unterricht wirkte auf uns wie aus der Heeresdienstvorschrift für Militärreiter abgeschrieben. Zwar galt ich immer als diskussionsfreudig, aber bei dieser Reitlehrerin traute sich niemand, den Mund aufzumachen, der nicht gefragt wurde. Das kam selten genug vor und so verschweißte die

Reitschüler einer Abteilung stets das Empfinden, dass anscheinend immer an jedem etwas auszusetzen war. Wir mühten uns, die Abstände einzuhalten und möglichst nicht aufzufallen. Da meine reiterlichen Leistungen ohnehin nicht erwähnenswert waren, kam ich auch nicht in die Verlegenheit, die Gruppe anzuführen. Folglich musste ich auch selten Runden ausgeben, da es zum Verreiten kaum eine Gelegenheit gab.

Mühsam quälte ich mich durch die erste Zeit. Bevor es in allen drei Gangarten durch die Halle ging, wurde an Haltung, Sitz und Abständen zum Vordermann korrigiert. So verging mindestens ein Jahr und mit dem Frühling begann die Geländesaison. Erst nachdem noch im Karree einige Runden unter den Blicken der gestrengen Lehrerin absolviert wurden, teilte sie ein, wer mit in den Auwald durfte. Ich konnte mein Glück kaum fassen, denn auch ich zählte zu den Auserwählten. Mein Pferd, das, falls mich meine Erinnerung nicht trübt, auf den Namen „Arco" hörte, ging am Schluss. Wir hatten kaum das Hoftor passiert und drehten eine kleine Runde in der Nähe des Stalls, als ich die Stimme der Lehrerin hörte: „Matthias, sind Sie noch da?"

Natürlich bejahte ich die Frage, obwohl mein Abstand zum nächsten Reiter knapp zwei Pferdelängen betrug. Sie drehte sich um und sah dies natürlich. Die Reaktion war so einprägsam, dass ich sie nicht vergessen konnte. Sie machte mit der gesamten Abteilung kehrt und lieferte mich auf dem Reitplatz ab, wo die Reiter verblieben waren, die noch nicht als fähig genug eingeschätzt wurden, mit ins Gelände zu gehen. Wer nicht in der Lage sei, ordentlich mitzureiten, den nehme sie auch nicht mit. Dann verließ sie den Hof mit dem Rest der Abteilung und kehrte erst zum Ende der

Stunde wieder zurück. Als degradierte Reiter durften wir im Schritt unter Aufsicht von Reitmädels Runden auf dem Platz absolvieren. Nur ein „Durch-die-ganze-Bahn-Wechseln“ sorgte für dürftige Abwechslung. Nach meinem gescheiterten ersten Ausritt dauerte es noch einige weitere Platzstunden, bevor ich eine zweite Chance auf Gelände bekam.

Meine Ausbildung änderte sich mit der Abschaffung des Unterrichts an Samstagen in den Schulen in der DDR. Das passierte kurz vor der Wende, und meine Schwester, die sonst während der Woche über in Jena studierte, übernahm mir zuliebe die Reitstunde am Samstagvormittag um 9.00 Uhr. Sie tat dies auch, weil ich mein neues Hobby unter der gestrengen Reitlehrerin sicher aufgegeben hätte. Von einem Familienmitglied unterrichtet zu werden, ist eine ganz besondere Situation. Ich kannte dies, denn mein Vater hatte schon versucht, mir das Fechten beizubringen, und wäre ich nicht sein Sohn gewesen, dann hätte er mir bestimmt geraten, den Sport zu wechseln. Meine Schwester war diesbezüglich diplomatischer und sie entwickelte große Geduld, aus ihrem Bruder tatsächlich einen Freizeitreiter zu machen. Die fehlende Konkurrenz in der Branche Touristik-Reitsport hatte auf dem Reiterhof Lukas eine geradezu elitäre Kommunikationskultur entstehen lassen. Es konnte vorkommen, dass ambitionierte Reitschüler mit dem Kommentar, „müssen denn alle Leute reiten lernen, wo es doch so schöne Hobbys wie Unterwasserhalma gibt“, nur einen einzigen Versuch unternahmen, auf dem Hof anzukommen. Als Bruder meiner Schwester genoss ich in Leutzsch allerdings den Heimvorteil, welchen man benötigte, um als nur mäßig begabter Reitschüler länger geduldet zu werden.

Ein weiterer glücklicher Umstand ergab sich aus der netten Gruppe, die sich am Samstag auf dem Hof versammelte, und dass meine Schwester eine engagierte und respektierte Person war, der man dort hinsichtlich der Reiterei absolut vertraute. So wurden wir nicht nur besser, sondern wechselten unseren Status vom Anfänger zum Fortgeschrittenen. Eines hat sich in dieser Zeit besonders eingeprägt. Wenn meine Schwester erkannte, dass sich einer von uns lieber vom Pferd plumpsen ließ, anstatt seine Knie an den Sattel zu drücken, dann konnte sie überaus konsequent rufen: „Bleibst du oben!“ Und der Angesprochene schaffte es meistens die Kontrolle über sich zurückzugewinnen. So gingen Jahre dahin und sie schloss ihr Studium ab. Mit ihrem Umzug nach Kleinwechsungen war der Abstand zur Heimat so groß, dass der Unterricht an die nächste Lehrerin überging. Zum damaligen Zeitpunkt war dies die Schwester des derzeitigen Hofbetreibers, eine Frau, der man den Pferdeverstand sozusagen in die Wiege gelegt hatte. Ihre Lektionen prägten fortan unsere Reitstunden und obwohl ich auch sie als recht streng empfunden habe, verlief meine reiterliche Ausbildung in einer gewissen Kontinuität. Mit nur einer Stunde pro Woche auf dem Pferd lernte ich bald die gebräuchlichen Bahnfiguren sicher abzureiten und während der schönen Jahreszeit waren wir regelmäßig im Gelände. Ansonsten habe ich die Zeit so erlebt, dass wir insgesamt wenig Mitspracherecht hatten. Bei der Zuteilung der Pferde entschieden der gesundheitliche Zustand der Tiere auf dem Hof und das Können, das man uns als Reiter zumaß. Dies änderte sich mit Julia, der ersten Reitlehrerin, die ich nicht nur wegen ihrer dunklen Locken als überaus hübsch in Erinnerung habe, sondern zu der ich eine kleine Schwärmerei entwickelte. Wie sie dies empfand, weiß ich nicht zu sagen, aber bei der Wahl meiner Reittiere durfte ich manchmal Wünsche äußern und bekam sogar Pferde zugeteilt, die nur den als richtig gut geltenden Reitern vorbehalten waren.

Natürlich erinnere ich mich an den Vormittag, wo ich allein mit ihr einen Ausritt in den Leipziger Auwald erleben durfte. Es war herrlich, denn zum ersten Mal ritt ich sogar neben meiner Reitlehrerin, da ansonsten das Einhalten der Abteilungsformation ein wichtiges Gebot darstellte. Julia blieb nicht lange in Leutzsch, sondern verließ den Hof und ich bin ihr später nicht mehr begegnet.

Der Unterricht danach war wieder mehr von der autoritären Bewunderung für die Schwester des derzeitigen Hofbetreibers geprägt, deren gelegentliche Stimmungsschwankungen einen manchmal an das Wetter im April erinnern konnten. Nicht immer bekamen wir Reitschüler konstante Rückmeldungen zu unseren Leistungen. Was in der einen Woche scheinbar noch in Ordnung war, konnte in der nächsten den Ansprüchen nur bedingt genügen. Dies war teilweise auch den recht großen Abteilungen geschuldet, denn bis zu zehn Großpferde mussten in einer relativ kleinen Halle von ihr im Blick behalten werden. Manchmal hatte ich den sehr subjektiv geprägten Eindruck, dass begabten Reitschülern etwas mehr Aufmerksamkeit geschenkt wurde. Zu denen zählte ich selbst mich wahrlich nicht. Eine zu individuelle Förderung war aus meiner Sicht auch nicht unbedingt erstrebenswert. Wer in einer Stunde mal richtig negativ auffiel, durfte für sich selbst entscheiden, wie damit umzugehen war. Die Peinlichkeit persönlichen Versagens mit dem Genuss eines alkoholischen Getränks zu verdrängen, war kurzfristig möglich, aber für die langfristige Verbesserung der Reitfähigkeiten nicht geeignet. Sich zusammenzureißen und Mühe zu geben, half dagegen bei ihr immer. Jene Reitlehrerin, die meine Basisfähigkeiten nachhaltig ausbaute, verließ unter hier nicht näher ausgeführten Gründen den Hof. Die Qualität ihrer Ausbildung überzeugte mehr als die Hälfte meiner Samstagsgruppe, ihr auch im neuen Stall als Reitschüler treu zu bleiben. Ich wählte die für mich kürzeste Anfahrt zum Hof und blieb. Mit der neuen Generation der Reitlehrerinnen kamen zwei Frauen auf den Reiterhof Lukas, die von ihrem Erscheinungsbild nicht unterschiedlicher hätten sein können. Und obwohl sie die letzten Jahre eine große Konstante in der Erteilung des Unterrichts bildeten, haben sie mich hinsichtlich meiner reiterlichen Fähigkeiten emotional nicht so merkwürdig beeinflusst wie manche, die nur kurzfristig angestellt waren.

Inzwischen hatte ich stets dienstags um 17.00 Uhr Unterricht in der Fortgeschrittenenstunde eine gesicherte Position als der langjährige Reitschüler, dem man fast alles „unter den Hintern" packen konnte, was groß genug war, um mich mit meinen zirka fünfundachtzig Kilogramm Lebendgewicht zu tragen. So wechselten die Gefühle zwischen einer burschikosen Ansage der einen Reitlehrerin bis zu einer ambitionierten, mitunter aber recht ungeduldig formulierten Bemerkung der anderen Trainerin. Man setzte einfach vieles voraus und da mein Ehrgeiz nicht von persönlichen Sympathien überlagert wurde, verfestigten sich leider auch einige Reitfehler, die mir erst später bewusst wurden. Prägender für meine schwankende Leistungskurve waren die Kurzzeitangestellten, die während Urlaubs- oder Krankheitszeiten der Festeingestellten auf dem Lukashof aushalfen. Trixi, eine kühle Blondine mit dem Hang zur Sachlichkeit, brachte uns binnen drei Monaten echt in Schwung. Dann begann sie über die Zustände auf dem Hof zu viel nachzudenken und überließ uns aus ungeklärten Gründen dem geregelten Ablauf sich wiederholender Bahnfiguren. Wenig später erhielten wir unsere Lektionen ebenfalls von einer ausgebildeten Pferdewirtin, die ich nicht nur als ausgesprochen hübsch empfand, sondern auch als sehr anspruchsvoll. An die ersten Stunden auf dem Reitplatz mag ich nicht zurückdenken, denn in dem Willen, mir besonders Mühe zu geben, offenbarten sich manche Schludereien der vergangenen Jahre. Ein Muster, welches sich wiederholen sollte! Jene „neue“ Julia, deren blonden Zopf ich schon aus großer Entfernung als Zeichen ihrer Verantwortlichkeit für unsere Reitstunden deutete, erkannte jedoch, dass irgendwann mal eine solide Grundausbildung bei den meisten Reitern der Dienstagsgruppe stattgefunden haben musste. Sie steigerte mit abwechslungsreichen Lektionen das Niveau der Stunden und hob so unsere Vorfreude auf den Dienstagnachmittag. Mag es auch einer gewissen Einbildung meinerseits geschuldet sein, aber als Mann hatte ich es wohl einfacher bei ihr, mit angemessener Kritik bedacht zu werden als so manche Reitschülerin. Über ihren Unterricht sowie den Ton „schieden sich die Geister“, während meine Motivation, mich bei ihr besonders zu bemühen, stetig wuchs. Als sie nicht mehr regelmäßig den Unterricht durchführte, fragte ich sie nach den Gründen. Sie meinte, dass Pferde toll seien, aber inzwischen habe sie alles erreicht, was man als junger Mensch auf einem Reiterhof machen könne, ohne damit gut zu überleben. Die Branche biete zu wenig finanziellen Halt und, ganz ehrlich, im fortgeschrittenen Alter wolle sie mal irgendwann nicht mehr auf einem staubigen Platz stehen und die Peitsche schwingen. Ihre Zukunft läge in der Verwaltungsbranche und eine Umschulung hätte sie auch schon begonnen.

Ihre letzten Reitstunden bei uns waren sowohl im Gelände als auch in der Halle von einer außerordentlichen Qualität und Vielfalt bestimmt. Der anschließende Umstieg auf „Standard-Leutzsch" wirkte auf mich mental wie eine Woche Dauerregen im November, wenngleich sich unsere Reitlehrerinnen redlich bemühten, am Niveau festzuhalten. Ich habe seither nie wieder etwas von ihr gehört, was vielleicht Beweis genug dafür ist, dass ich sie wohl nicht nur für ihren Unterricht bewundert habe.

Mit dem Intermezzo von Laura, einer Studentin, die sonst dem Akademischen Reitclub angehörte, ging ein neuer Stern in meiner Reitkarriere auf. Selten wiederholten sich die Lektionen in den Reitstunden und ihr Lächeln war dabei oft derartig anziehend, dass ich ihr einfach gern zuhörte. Anfänglich kannte sie sich im Reitgelände nicht so gut aus und übertrug mir als dem dienstältesten Reiter oft die Verantwortung für Wegstrecke und Zeiteinteilung. Das spornte mich an und da ich auch noch eines der besten Pferde für diese Aufgabe zur Verfügung hatte, konnte ich praktisch der Reitlehrer im Gelände sein, der auch über die Wechsel zwischen den Gangarten entschied sowie geeignete Strecken dafür auswählte. Dieses Privileg steigerte fast automatisch meine Zuneigung zu Laura. Doch wie der

Schweif eines Kometen nur vorübergehend sichtbar ist, endete ihr Studium viel zu rasch und diese von mir so bewunderte Trainerin verließ uns nahezu so schnell wie die nur temporär sichtbare Himmelserscheinung.

Die kurze Ära der unglaublich ambitionierten Reitlehrerin Sarah begann, welche aus uns Freizeitreitern anscheinend Turnierreiter machen wollte. Warum es meinerseits so lange dauerte, für diese ausgesprochen hübsche junge Reitlehrerin eine ähnliche Begeisterung zu entwickeln, mag wohl an der Präzision ihrer verbalen Anweisungen gelegen haben, die ein nachfragendes Verstehen der Hinweise manchmal schon im Ansatz unterbanden. Binnen kürzester Zeit regte sie Veränderungen auf dem Hof an, motivierte Pferdemädchen und Einsteller gleichermaßen, sich für Instandhaltung und Aufwertung des Geländes einzusetzen. Ihre autoritäre Ausstrahlung passte für mich so gar nicht mit ihrem äußeren Erscheinungsbild zusammen. Kurz gesagt, sie war für mich das, was man unter einer wichtigen Person versteht, und somit fern und nah zugleich. Erst mit dem Erreichen von Grenzen hinsichtlich angestrebter Veränderungen auf dem Hof wandelte sich sowohl ihr Wesen als auch mein Bild von ihr. Sie wurde aus meiner Sicht menschlich zugänglicher und damit auch als Gesprächspartnerin interessanter. Es entwickelte sich sogar fast so, wie ich es zuletzt bei der blonden Julia erlebt hatte. Der Zufall wollte es, dass ihr Freund in der gleichen Branche wie ich tätig war. Hinsichtlich der Themenfindung und umfangreicherer Kommunikation war nun fast immer ein Anlass gegeben.

Als sie den Reiterhof Lukas verließ, verschwand sie nicht wie andere Reitlehrerinnen vor ihr aus meinem Bewusstsein. Über die sozialen Medien bin ich auch heute noch gut über sie informiert. Einmal hat sich der Erhalt dieser positiven Erinnerung in einer konkreten Hilfe ihrerseits ausgedrückt, die ich ihr nicht genug danken kann. Menschen verändern sich durch äußere Umstände und der erste Eindruck kann oft täuschen.

Noch drei weitere Reitlehrerinnen verdienen etwas mehr Beachtung, da sie die Zeit nach meinem Reitunfall 2016 prägten und dies bis heute tun. Mir ist es möglich, die Macht meiner Vorstellungskraft in reale Energie zu übertragen. Und um über die eigenen Zweifel hinauszuwachsen, mehr zu wagen oder fast gänzlich neu zu beginnen, bedarf es aus meiner Sicht einer Intensität der „Lehrer-Schüler- Beziehung", die vorsichtig formuliert am besten mit dem Begriff Schwärmerei ausgedrückt werden kann. Der rationale Teil meines Gehirns scheint nur eingeschränkt funktionsfähig zu sein. Mein Vertrauen in meine reiterlichen Fähigkeiten basieren wohl mehr auf meinen Gefühlen als auf realem Können. Und dies allein genügt, um tatsächlich binnen kürzester Zeit Fortschritte zu erzielen, die in Jahren davor verkümmerten oder vielleicht auch nie vorhanden waren. Die Bindung meines persönlichen Ehrgeizes als Reiter an die Bewunderung für meine jeweilige Trainerin bildet die wahrscheinlich unzuverlässigste Basis für kontinuierlichen Zuwachs an reiterlichem Niveau. Dennoch wiederholt sich dieses Muster seit mehr als zwanzig Jahren und ich möchte nicht darauf verzichten.

Meine niemals erfüllte und mir selbst eingeredete Verliebtheit in meine Reitlehrerinnen lässt mich die Jahre der Routine vergessen, in denen Bewegungen auf einem Pferd durch Landschaft oder Halle wie ein austauschbares Fernsehprogramm an mir vorbeizogen. Der wiederkehrende Verlust einer persönlichen Beziehung zu einer der Trainerinnen, die mir die Begeisterung für den Reitsport erhalten oder wiederbelebt haben, ist eine Konstante in den zurückliegenden Jahrzehnten. Dass ich dabei nur scheinbar mein Herz in Träumerei verliere, aber an Erinnerungen gewinne, die es wert sind, hier aufgeschrieben zu werden, ist ein Ausdruck meiner Seele.

Lektion: Reiten ist doch wie ein Spiel

„Habe ich dir mal erzählt, was reiten und ein Ballspiel miteinander zu tun haben?"

Meine heutige Unterrichtsstunde beginnt bereits während der ersten Runden beim Warmreiten des Pferdes. Obwohl ich seit einigen Wochen Einzelstunden bekomme, setze ich mich am Anfang stets unter Druck. Alles soll am besten so funktionieren wie in den vorangegangenen Stunden, in denen ich Fortschritte erreichte. So sitze ich anfangs weder gelöst noch treibe ich im Takt. Meine Unterschenkel liegen viel zu weit hinten All dies wurde längst gesehen. Das passende Signal zum Nachgeben und Lockerwerden kommt in Form einer kleinen Geschichte über eine Geschicklichkeitsübung. Fast zu jeder Lektion lässt meine Trainerin in meinem Kopf ein neues Bild vom Reiten wie nachfolgend beschrieben entstehen. Unter mein Gesäß ist ein Balancierbrett angebracht, in dem sich links und rechts je ein Loch befinden. In der Mitte liegt der Ball, welcher abwechselnd durch Gewichtsverlagerung mal in das eine und danach in das andere bugsiert werden soll. Gleichzeitig fühlt der Unterschenkel den Pferdebauch und merkt, wann der leichte Druck zu erfolgen hat. Beide bildlichen Beschreibungen soll ich jetzt nacheinander spüren und auf dem Pferd ausprobieren. Das hat schon mal Wirkung gezeigt und ich bin für ihre weiteren Anweisungen bereit.

Anschließend erhalte ich die Aufgabe, beide Sequenzen im Kopf verknüpfen und schon könne ich verstehen, was mit dem Zusammenspiel von Gewichts- und Schenkelhilfen gemeint sei. Ich liebe solche bildlichen Vergleiche, vorausgesetzt, man bekommt danach auch Zeit, sie sich erst im Geiste zu projizieren und danach im eigenen Tempo umzusetzen. Ihre abschließende Bemerkung, „wenn du das dann verinnerlicht hast, geht es so automatisch wie atmen“, scheint mir im Moment noch wie Zukunftsmusik. Rückblickend denke ich aber, dass es beim Erlernen von anderen komplexen Tätigkeiten am Anfang stets eine Abfolge von strengen Regeln war, die bei häufiger Übung und Wiederholung tatsächlich automatisiert ablaufen können. Das macht Mut, vordergründig für den weiteren Verlauf meiner heutigen Reitstunde. Inzwischen sind die ersten Runden absolviert und die Trabarbeit kann beginnen. Aber das ist bei unserem Pferd schon wieder eine Lektion für sich. Offenbar denke ich zu viel und zu kompliziert, so als würde ich bei einem Spiel verlieren. Dabei kann ich hier und heute nur gewinnen.

Ägypten: Auf dem „Pyramiden-Highway“

Am 21. Juli des Jahres 1798 stand Napoleon während seines Ägyptenfeldzugs einem Mamlukenheer gegenüber. Die Franzosen waren über Nacht marschiert und trafen am Morgen einige Kilometer von den Pyramiden entfernt auf feindliche Truppen. Es ist in der Wikipedia überliefert, dass er seinen Männern zugerufen haben soll: *„... Wir werden kämpfen. Denkt daran, dass von diesen Monumenten vierzig Jahrhunderte auf euch herabblicken.“*

Als Napoleon diese Worte sprach, saß er bestimmt auf einem Pferd. Über die steinernen Monumente in seiner Nähe war nicht viel mehr bekannt, als dass es sich um das letzte erhaltene Weltwunder der Antike handelte. Dem Tross des Feldherrn folgten nicht nur Soldaten, sondern auch Gelehrte, welche die Wunder des alten Ägypten mit eigenen Augen sehen wollten. Wenig später fand ein Offizier des französischen Corps im Nildelta den „Stein von Rosette“. Das Verständnis der lange nur für eine Bilderschrift gehaltenen Hieroglyphen öffnete damit ein Tor zur Vergangenheit.

Ich malte mir aus, diesen erhabenen Anblick einmal selbst zu genießen, doch Susanne wollte nicht in das nordafrikanische Land. Es gab also schon daheim ein kleines Gefecht um das nächste Urlaubsziel auszutragen. Die im Katalog angebotenen Reiterreisen seien zu teuer und die Geschichte Ägyptens interessiere sie nur bedingt. Mich dagegen hatte die Hochkultur des Nils schon immer fasziniert. Als Schüler wollte ich sogar mal Ägyptologie studieren und nun reizte mich als Reiter die Vorstellung, im Sattel eines Araberpferdes sitzend hinaus in die Wüste zu galoppieren und dabei den Anblick der Pyramiden vor Augen zu haben.

Beim Besuch einer Reisemesse fand sich ein kleines ägyptisches Reiseunternehmen, welches das Wunschpaket aus Reiturlaub und reichlich Kultur tatsächlich nach unseren Vorstellungen und den Ressourcen des Geldbeutels zusammenstellte. Gleichzeitig versprachen sie, uns noch die passenden Durchfalltabletten bereits vor Antritt der Reise per Post zu senden. Meine Frau gab sich hinsichtlich Organisation und Reiseprogramm endlich strategisch geschlagen, sodass Ägypten gebucht wurde.

Die Spuren von Napoleons Truppen hatte der Wind längst verweht, als Susanne und ich im Juli 2008 auf mittlerweile zweiundvierzig Jahrhunderte steingewordene Geschichte hinaufblickten.

Der Transfer vom Flughafen in Kairo zum „Sakkara Country Club" funktionierte reibungslos, während man dort nicht mit uns Touristen gerechnet hatte. An einem mit Papieren zugeschütteten Billardtisch an der Rezeption standen zwei Männer, die unsere Pässe und das Voucher sehen wollten. Von Zimmer und Bett war zunächst keine Rede. Frühstück sei um 8.00 Uhr und reiten könnten wir möglicherweise am folgenden Tag. Wie wir im Verlauf der nächsten Woche feststellen mussten, verlief „Zeit" oft in geschätzten Angaben und schien mit der Genauigkeit des Stundenglases einer Sanduhr gemessen zu sein. Immerhin durften wir bleiben, bekamen für jeden zusätzlich zum Frühstück getrunkenen Tee eine extra Rechnung, weil nur ein Getränk im pauschal entrichteten Reisepreis enthalten war. So schauten wir sehnsüchtig vor unserem Zimmer sitzend über einen von Palmen umstandenen Reitplatz hinweg. Dahinter erhoben sich die Sanddünen der nahen Wüste und der erste Ausritt dorthin schien meilenweit entfernt zu sein. Wiedehopfe spielten auf einer kleinen Wiese des gepflegten Clubgeländes und lenkten unsere düsteren Gedanken hin zur Natur.

Am späten Nachmittag des nächsten Tages bekamen wir tatsächlich Pferde und durften auf dem Reitplatz Runde um Runde nach eigener Vorstellung und im selbstgewählten Tempo drehen. In die ägyptische Wüste hinaus zu reiten sei wahrscheinlich nicht möglich, weil gerade eine Seuche den Landstrich heimsuche. Auch ohne Durchfall zu haben, fühlten wir uns elend, denn der Grund unseres Reiturlaubs war es doch gewesen, auf schicken Araberpferden im Galopp durch den Sand zu preschen. Missmutig betrachteten wir die Stallungen des Sakkara Country Clubs, welcher an die einhundertzwanzig Beschäftigte zählte. Jeder der Angestellten schien nur für jeweils eine kleine Aufgabe zuständig zu sein. Einer hatte beispielsweise die Blumenrabatten links des Weges zu wässern, während sein Kollege rechts des Pfades Blümchen goss. In der für uns nicht zugänglichen Stallgasse herrschte nicht selten Aufregung, weil die Zuständigkeit für Arbeiten nicht geklärt zu sein schien. Ein laut gerufenes „Machmuuuhd!“, schallte aus einer hinteren Ecke und hervor trat ein rundlicher Mann mittleren Alters, dabei ein süßes graues Fohlen an der Mähne führend. Was er damit anstellen sollte, schien er nicht zu wissen. Unschlüssig ging er die Stallgasse hinauf und hinab, bevor er es wieder in eine Box sperrte. „Machmuuuhd!“, erklang es noch mehrfach, doch auch dieser offenbar viel beschäftigte Mann konnte uns keine Auskunft geben. Hier konkrete Fragen zur Organisation unseres

Reiturlaubs zu stellen glich im Ergebnis dem literarischen Ausspruch: *„Deine Worte sind wie Fliegengesumm in meinen Ohren ...“,* welcher mir vom historischen Roman *Sinuhe der Ägypter* noch in Erinnerung war.

Unsere Ausflüge nach Kairo und zu den Pyramiden von Gizeh fanden wunderbarerweise wie gebucht statt und so saßen wir am nächsten Tag nicht stundenlang im Club herum, um nach Vögeln zu schauen, sondern lernten neben ägyptischer Geschichte auch die gegenwärtige Kultur des modernen Kairo kennen. Die Großstadt, welche mit ihren schnell errichteten und nach unserem Verständnis meist unfertig wirkenden Bauten sogar die Panoramasicht auf die großen Pyramiden verstellt hatte, versprühte in der Mittagshitze kaum orientalischen Charme. Entlang einiger Straßen sowie an Bewässerungskanälen der Randbezirke begleitete oft ein Streifen Müll die Begrenzung der Fahrwege, sodass uns der Sakkara Country Club tatsächlich wie eine Oase des Wohlstandes inmitten von allgegenwärtiger Armut vorkam.

Als es zu unserer Überraschung dann doch noch hinaus in die Wüste gehen sollte, änderte sich unser Eindruck von der Qualität unserer Unterkunft. Wir bekamen schicke Pferde zugeteilt, denen die Abstammung von Arabern am typischen „Hechtkopf“ anzusehen war.

Zunächst galt es wieder einige kleine Proberunden auf dem Reitplatz zu drehen. Susanne und ich tauschten die Pferde, weil „Prinz“ sich seinem Namen entsprechend unter dem Sattel als etwas übermotiviert entpuppte und sich meine Frau nicht zutraute, mit ihm ins Gelände zu reiten. Nach nur zehn Minuten passierten wir ein Tor zur Wüste und erklommen die erste Düne. Ich sollte mit dem nervösen Pferd voranreiten und es beruhigte sich augenblicklich. Hinter uns erblickten wir schemenhaft die Pyramiden von Cheops und Chephren und vor uns zeichneten sich die wesentlich kleineren Bauwerke von Abusir im hellen Sand ab. Hier lernte ich auch, dass es außer Schritt, Trab und Galopp noch eine Steigerung gibt. Die Pferde klassisch englisch aufgezäumt spornte man hier mit dem Kommando „Kanter“ an, wenn ein besonders schneller Galopp anstand. (Üblicherweise dient der Jagdgalopp dazu, das Pferd etwas versammelter zu reiten, um weite Strecken in dieser Gangart zurückzulegen.) Aber das, was wir in diesem Moment erlebten, entsprach einer Geschwindigkeit, die ich nur einmal zuvor in Ungarn auf dem Pferderücken verspürt hatte. Wir schossen förmlich durch den Sand und die Pferde liefen dabei zuverlässig wie ein Schweizer Uhrwerk. Gegen Abend einsetzender Wind trug den Dunst des Tages fort und man sah die scharf geschnittenen Ränder, welches bewässertes Gebiet von Wüstenlandschaft trennte.

So rasch, wie dieser erste Ausflug gekommen war, gingen die zwei Stunden auch schon wieder vorüber. Die Abenddämmerung setzte ein und wir gaben die Pferde nach unserer Rückkehr glücklich im Club ab. Anscheinend hatten wir die Geländeprüfung erfolgreich bestanden, denn von diesem Zeitpunkt an ging es täglich hinaus in die Wüste. Mitte Juli entwickelten sich im Laufe des Tages enorme Temperaturen und war es strategisch günstig, entweder früh am Morgen
oder erst am Abend loszureiten.

Gleich am nächsten Tag starteten wir um 8.00 Uhr, ohne gefrühstückt zu haben. Wir erhielten dieselben Pferde wie am Vorabend und mit Said einen erfahrenen Begleiter, der mehr als nur drei Worte Englisch sprach und uns etwas über die Umgebung erzählte. Die Wegstrecke, zunächst mit der vom Vortag identisch, bot vorerst keine aufregenden Entdeckungen. Dann hielten wir direkt auf die berühmte Stufenpyramide von Sakkara zu, welche, in der 3. Dynastie errichtet, die älteste der großen Pyramiden hier im Umkreis war. Vorbei an einer Ausgrabungsstätte, die von einem japanischen Archäologenteam betreut wurde, ging es tiefer in die Wüste und das grüne Band der Zivilisation verblasste zunehmend. Da wir größere Streckenabschnitte im flotten Galopp bewältigten, tauften wir ein immer wiederkehrendes Wegstück den „Pyramiden-Highway". Außer Hufspuren sah man, dass der lockere Sand von allerlei Reifenspuren durchzogen war, wenngleich wir keinen Fahrzeugen begegneten. Unser Guide fragte uns, ob wir uns in der Lage fühlten, noch in Richtung der Pyramiden von Daschur weiterzureiten, da wir doch keinerlei Getränke bei uns hatten. Der Wüstenwind, der bei einer flotten Reitweise auch kühlen konnte, ließ uns weder Durst noch Hunger verspüren und so willigten wir nur allzu gern ein. Die Luft war extrem trocken. Nicht einmal Schweiß bildete sich spürbar auf der Haut. Die Strahlen der Sonne ließen jegliche Feuchtigkeit verdunsten, noch bevor unsere Sachen am Körper zu kleben begannen.

Said erzählte uns, während wir im Schritt gemächlich vorankamen, dass seine Ehe arrangiert gewesen sei. Er habe ein nur elfjähriges Mädchen zur Frau bekommen. Seine Mutter meinte, dass sie wohl hübsch werden würde und außerdem noch ansehnliche Eltern hätte und der Rest würde sich dann schon ergeben. Sie sollte wohl Recht behalten, denn inzwischen habe er eine große Familie und arbeite schon mehr als dreißig Jahre im Sakkara Country Club. Nun werde es Zeit für eine Veränderung, weil der Club sein Potential nicht vollständig ausschöpfe. Said wolle demnächst selbst Reittouristik anbieten und ob wir nicht im nächsten Jahr bei ihm direkt buchen würden. Angesichts der herrlichen Reitausflüge eine durchaus verlockende Vorstellung.

Nach gut drei Stunden kehrten wir von dem Ausritt wieder zurück und frühstückten ausgiebig. Die zusätzliche Rechnung für den notwendigen Tee extra hatten wir dabei billigend einkalkuliert. Unsere weiteren Ausritte verliefen auf ähnlichen Strecken, wobei der „Kanter" auf dem „Pyramiden-Highway" stets ein besonderes Erlebnis war. Der gesamte Wüstenabschnitt, welcher unser phänomenales Reitgelände bildete, schien von sichtbaren, aber auch vom Sand verschluckten Monumenten pharaonischer Vergangenheit durchsetzt. Was zunächst wie eine Baugrube zur Sandgewinnung wirkte, stellte sich bei näherer Betrachtung als Raubgräberstätte heraus, wo schwere Technik moderner Schatzjäger tiefe Löcher im Sandboden hinterlassen hatten.

Aus nächster Nähe umrundeten wir die recht unscheinbar wirkenden Bauwerke der 5. Dynastie bei Abusir. Die kleinen quadratischen Steinbauten mit einem davor angebundenen Esel waren später errichtete Wächterhäuschen. Vermutlich bessern die einsamen Hüter der Vergangenheit ihren spärlichen Lohn mit kleinen Souvenirs aus den bewachten Grabstätten auf, wie es schon ihre Vorfahren aus der Not heraus einst taten. Mir war in diesem Moment nicht bewusst, dass sich nur wenige Meter von uns entfernt auch das Grab des einstigen Gutsverwalters Herischefhotep befinden musste. Seine sterblichen Überreste sowie zahlreiche Grabbeigaben gehören zu den gut erforschten Prachtstücken der ägyptischen Sammlung der Leipziger Universität und weckten schon zur Schulzeit mein Interesse für diese Studienrichtung. Nur schien es in der DDR aussichtslos zu sein, jemals zu Ausgrabungen nach Ägypten reisen zu dürfen, nachdem sich alle Hoffnungen auf eine sozialistische Entwicklung Ägyptens mit dem Tode des Präsidenten Nasser zerschlagen hatten. Jetzt, wo ich am Ort meines einstigen Berufswunsches über den „Staub der Geschichte" ritt, anstatt ihn nach Keramiken umzugraben, bereute ich es nicht, mich für einen anderen Job entschieden zu haben.

Zu den eindrucksvollen Erlebnissen jenes Urlaubs zählte auch ein nächtlicher Ritt, welcher für den vorletzten Abend geplant war. Er sollte gegen 21.00 Uhr beginnen. Vorher gab es magenschonende Kost und schwarzen Tee, denn die prophylaktisch mitgeschickten Durchfalltabletten unseres Reiseveranstalters waren bei Susanne zum Einsatz gekommen. Es blieb genügend Zeit um das WC zu benutzen und sich anschließend die Reitkleidung anzuziehen.

Am Stall war, wie so oft, niemand für uns zuständig. Der Mond präsentierte sich an diesem Abend bereits in voller Pracht und stieg zusehends höher, während die Zeit verging. Eine reichliche halbe Stunde später hatte ich die Hoffnung auf einen nächtlichen Ausritt bereits aufgegeben, als ein Auto in den Club einbog. Wenige Minuten später schickte man uns Ali, einen Burschen, der nur wenig Englisch verstand, aber nach Deutschland auswandern wollte, weil da ja alles so wunderbar sei. Er sattelte in aller Ruhe drei Pferde und gemeinsam mit ihm ging es über die nächtlichen Sanddünen. Der Mond spendete helles Licht und es war erstaunlich, wie gut man sich orientieren konnte. Die Pferde, welche ja bei Dunkelheit wesentlich besser sehen sollen als Menschen, liefen trittsicher durch den Wüstensand. Die Temperaturen lagen nur noch bei zirka fünfundzwanzig Grad Celsius und ein leichter Wind, aus nördlicher Richtung kommend, kühlte angenehm.

Natürlich ritten wir ein Stück des uns bereits bekannten Weges und es gab sogar ein wenig Galopp. Abusir war schnell erreicht und am Sonnenheiligtum des Userkaf, einem Tempelbauwerk aus der 5. Dynastie kreuzte ein Rudel von acht streunenden Hunden unseren Weg. Zum Glück kannten unsere Pferde auch diese Situation und reagierten völlig gelassen. Ein Käuzchen rief durch die Nacht und am unbeleuchteten Wächterhäuschen des Heiligtumes zeichnete sich gespenstisch der Umriss von zwei menschlichen Gestalten ab. Von ihnen drang kein Geräusch an uns heran, während es vom bewohnten Rand der Wüste laute orientalische Musik an unsere Ohren herüberwehte. Da ging es deutlich lauter als am Tage zu. Eine seltsam fremdartige Mischung bestehend aus Gebeten des Muezzins begleitet von dröhnenden Bässen nahm jegliche Illusion, allein unter Mond und Sternen im Blickfeld von Monumenten zu reiten, die bereits seit zweiundvierzig Jahrhunderten auf die Menschen um sie herum herabschauen. Zwar gelang es nicht, die Geräuschkulisse auszublenden, aber dennoch erfüllte mich der nächtliche Ritt mit einem Gefühl tiefer Zufriedenheit.

Gleich am nächsten Morgen ging es deutlich ruhiger zu, als wir mit Said nochmals sehr weit in die Wüste hinausritten. Zwischen uralten Kalksteinblöcken streifte ein Schakal umher, der uns aus sicherer Entfernung misstrauisch beäugte. Wir passierten die Bahnstrecke, welche zur Oase Fayum führt, und befanden uns nur noch zehn Reitminuten von der Roten Pyramide des Pharao Snofru entfernt. Dahinter erhob sich die sogenannte Knickpyramide, welche ebenfalls in die Regierungszeit dieses Herrschers der 4. Dynastie fällt. Der Vater des Pharaos Cheops entwickelte mit seinen Baumeistern hier den perfekten Bauplan für die Monumente der Ewigkeit. Und unter der Regentschaft seines Sohnes entstand schließlich das geheimnisumwitterte Sinnbild der sagenhaften Hochkultur vom Nil.

Auf dem „Pyramiden-Highway“ galoppierten wir gleichsam durch die Jahrhunderte der Baugeschichte des „Alten Reiches“. Unter den Hufen unserer Pferde hätte es sicher noch manches zu entdecken gegeben, doch waren wir weder Eroberer wie Napoleon noch Forscher wie Champollion, dem mithilfe des Steins von Rosette einst die Übersetzung der Hieroglyphen gelang. Die ägyptische Wüste steckt voller wunderbarer Geheimnisse, welche nicht nur vom Pferd aus betrachtet, eine faszinierende Wirkung auf uns ausübten.

Lektion: Stangen & Slalom

Der Winter hat sich verzogen und dank der Zeitumstellung gibt es jetzt wieder eine größere Auswahl an Trainingsplätzen. In dieser Stunde sind wir auf dem großen Sandplatz, der bei trockenem Wetter und etwas Wind das Gefühl vermittelt in der Wüste zu stehen. Hier ist der Boden tiefer als in der Reithalle, sodass Coba etwas mehr Energie beim Laufen aufbringen muss. Das funktioniert natürlich nur, wenn der Reiter ebenfalls konsequenter treibt und letztendlich muss auch meine Reitlehrerin ihre Stimme lauter erheben, um gegen den Wind und die Weite des Platzes zu bestehen. Dennoch sind alle motiviert und so arbeiten wir an dem, was momentan nicht auf Anhieb funktioniert, dem fließenden Wechsel der Gangarten.

Als Coba zu uns kam, brauchte ich nur Trab zu denken und schon ging es los. Inzwischen hat sich genau dieser Moment ins Gegenteil verkehrt. Ich suche mir die passende Stelle zum Antraben aus und das Pferd weicht zur Seite aus. Neuer Ansatz, gleiches Ergebnis.

„Du musst erstmal dein Pferd gerade richten und dann die passenden Hilfen geben."

So einfach läuft es dann aber doch nicht und erst mithilfe der Gerte kommt Coba in Schwung. Dann arbeitet sie gut mit und ich soll an den langen Seiten die Tritte verlängern. Um das zu erleichtern, klatscht meine Trainerin den gewünschten Takt, was gerade für das richtige Treiben beim Einsitzen sehr hilfreich ist. Nun wird die Schwierigkeit gesteigert, denn ich soll fühlen, wie sich der Pferderücken unter mir hebt, wenn die Hinterhand besser untertritt. Dazu liegen vier Stangen aus, über die ich im Leichttraben reiten soll. Der erste Durchlauf bringt nur mäßigen Erfolg, da es mir nicht gelingt, rechtzeitig mit der Hand nachzugeben. Mein Pferd läuft (sozusagen) gegen den Zügel und wird von mir in seiner Bewegung behindert.

„Du musst die innere Hand sichtbar nachgeben und die äußere nicht zu weit oben lassen!"

Schon wieder das Problem mit dem richtigen Zügelmaß zur richtigen Zeit. Ich antworte meiner Trainerin, dass ich mich wie „Bernd das Brot" vom KiKA fühle und meine Arme scheinbar zu kurz wären. Natürlich lässt sie dieses Argument nicht gelten, sondern stellt korrekterweise fest, dass es mir an der nötigen Flexibilität fehlt.

Nächster Versuch, nur nicht verkrampfen und schon wird es besser. Coba beginnt vorwärts- abwärts zu laufen und nach weiteren Runden auf dem Zirkel bekomme ich endlich mit, was meine Trainerin mit dem Wahrnehmen des angehobenen Pferderückens meint.

Meine nächste Übung soll mir helfen, die Gewichtsverlagerung aktiv einzusetzen. Es geht im Slalom um einige Pfeiler, was ich zunächst im Schritt ablaufen soll. Dabei sollen die Bögen nicht wie bei Schlangenlinien ausgeformt sein, sondern in einer vorwärts-seitwärts-Bewegung nur knapp um die Hindernisse herumführen. Mit den Worten „ich sehe, wenn du dein Pferd am inneren Zügel herumziehst" schickt meine Trainerin mich los. Einen halben Zirkel leichttraben, dann Slalom im Aussitzen. Hört sich einfach an, wenn das Pferd kontinuierlich in der Gangart bleiben würde. Als größte Schwierigkeit erweist sich nicht etwa das Ausreiten der Bahnfigur, sondern das Beibehalten eines gleichmäßigen Arbeitstrabs. Da ist es aus meiner Sicht kaum verwunderlich, wenn das Umstellen des Pferdes zwei Schritte zu spät passiert, doch sogleich hallt ein passender Kommentar über den Platz. Erneut benötige ich mehrere Anläufe, bevor meine Reitlehrerin Worte des Lobes findet, über die ich mich freue. Hier konnte ich es mal wieder beobachten: Im Nachlassen meiner eigenen Anspannung lässt auch das Pferd zu, sich an den Zügel zu stellen, und die Übung verläuft nahezu wunschgemäß. Die Ziele des heutigen Tages habe ich letztendlich erreicht. Meine Trainerin scheint zufrieden zu sein, denn die Bemerkung, dass meine Hände immer noch nicht geschlossen sind, kommt ganz beiläufig, so, als ob sie sagen wollte: Rom wurde auch nicht an einem Tag erbaut. Auch in meinem Kopf sieht es aus wie auf einer Baustelle. Die klobigen Eckpfeiler eines Gebäudes ragen aus dem gegossenen Fundament, aber die Verbindungen zum fertigen Bauwerk sind noch nicht erkennbar.

„Brigadereiten“ ein (nahezu) vergessenes Freizeitvergnügen

Kindheit und Jugend erlebte ich in der DDR, die außer dem „Plänterwald“ keinen eigentlichen Vergnügungspark zu bieten hatte. Und auch diesen kannte ich nur von einigen Bildern. Das Schaustellergewerbe hatte wahrlich Konjunktur und in Leipzig bot die zweimal jährlich stattfindende Kleinmesse eine Vielzahl an Fahrgeschäften und Verpflegungsbuden an. Selbst der Weihnachtsmarkt holte noch einige Karussells in die Stadt und in all diesen mobilen Vergnügungsparks war ein Zelt oder Rondell mit Pferden vertreten, die Kinder im Kreis auf ihrem Rücken bewegten. Ich weiß nicht, ob es das heute noch gibt, schon allein wegen der Tatsache, dass herumziehende Tiere stets von herumziehenden Tierschützern begleitet werden, die auf unwürdige Haltungs- und Lebensbedingungen hinweisen. Unser Verhältnis zu unmittelbar sichtbaren Nutztieren unterlag innerhalb der letzten dreißig Jahre einer radikalen Veränderung. Eine überaus positive Entwicklung, da man anderen Lebensformen unseres Planeten auch so etwas wie einen angestammten Lebensraum zugesteht. Gerade das Pferd darf sich hierzulande als einer der Gewinner dieser veränderten Haltungsbedingungen fühlen.

Damals in der DDR stellten Pferde eine nicht wegzudenkende Bereicherung der käuflichen Freizeitkultur eines Rummelplatzes dar. Ich selbst gab zwar nie mein Taschengeld dafür aus, sondern verteilte es auf die rasanteren Attraktionen, aber beim Reiten standen doch zahlreiche begeisterte Eltern, die ihren Kindern einige Runden des „Glücks der Erde auf dem Rücken der Pferde“ spendierten.

Doch niemals sah ich Erwachsene auf den Tieren. Vermutlich eine Marktlücke, denn der Wunsch, auf dem Rücken eines Pferdes zu sitzen verschwindet offenbar nicht so schnell wie die Begeisterung für ein einfaches Kinderspielzeug.

Ob mein Reiterhof damals den gesellschaftlichen Auftrag dazu hatte der werktätigen Bevölkerung jene Erlebnisse zu ermöglichen, halte ich für wahrscheinlich. Seine Entstehung verdankt er jedenfalls den 1960-er Jahren, als der aus Mecklenburg zugezogene Herr Lukas (Senior), ein Futtermeister mit Pferdeverstand, das Gelände zunächst privatwirtschaftlich aufbaute. Es folgte ein kurzes Intermezzo mit der Orientierung auf den Leistungssport. Sozialistisch geplantes Olympiagold im „modernen Fünfkampf" war das Ziel der nach internationaler Anerkennung ringenden Republik. Als das Edelmetall bei internationalen Wettkämpfen nicht wie berechnet eintraf, verabschiedete man sich von dem unrentablen Prestigeobjekt und der Reiterhof änderte sine Bestimmung in eine Freizeitstätte. Seine Unabhängigkeit bewahrte er sich in der Planwirtschaft nicht lange.

Glücksspiel war in der DDR tatsächlich bedingt erlaubt und staatlich kontrolliert. Neben zahlreichen Lotterien und Losbuden auf Rummelplätzen bildeten die Galopprennbahnen der Republik eine Gelegenheit, sein Geld zu mehren oder, wie das Schicksal vieler Spieler beweist, auch zu verlieren. Moralisch konnte dies durch einen für die werktätige Bevölkerung etablierten Reitbetrieb durchaus kompensiert werden. Nachdem die Rennbahn in Halle bereits über diesen Ausgleich verfügte, suchte man im Leipziger Scheibenholz nach einem geeigneten Objekt fürs Volkswohl. Da geriet das immer noch privat genutzte Reitgelände in Leutzsch in den Fokus staatlich gelenkter Freizeitaktivitäten. Anfang der 1970-er Jahre bekam Herr Lukas das Dach der VEB Vollblutrennbahnen zwangsweise übergestülpt. Nun bewirtschaftete er seinen Hof mit gesellschaftlichem Erholungsauftrag für die Werktätigen im Leipziger Auwald. Es wurde sogar eine Reithalle mit integriertem Kassenhäuschen errichtet. Sport war in der DDR eine Breitenbewegung und das Trinken von Alkohol leider auch. Beides in Kombination brachte wohl das sogenannte „Brigadereiten" hervor, welches ein abendliches Freizeitangebot für Erwachsene wurde. Man traf sich nicht etwa spontan, sondern wie zu einer teambildenden Maßnahme, die heute von Erlebnispädagogen noch immer kostenpflichtig erfunden und vermarktet wird. Für eine gute Brigade endete der Tag nicht nach einer Schicht im Betrieb, sondern man verbrachte gelegentlich auch die Freizeit miteinander, trug die gemeinsamen Erlebnisse in einem Brigadetagebuch ein und suchte weiter nach ausgefallenen Ideen für das nächste kollektive Beisammensein.

An allen Wochentagen, außer Donnerstag, dem Ruhetag, war dies am frühen Abend nach den regulären Kinder- und Fortgeschrittenenstunden möglich. In der Regel standen acht Großpferde aufgetrenst und gesattelt in der Reithalle bereit. Die zu allen Zeiten reichlich vorhandenen Pferdemädchen, häufig im Alter zwischen zehn und sechzehn Jahren, positionierten sich an ihren Lieblingspferden um diese dann wie auf der Kleinmesse im Kreis zu führen. Waren doch mal weniger Helferinnen da, nahm man, was so herumstand, selbst mich.

Eine Brigade konnte aus bis zu zwanzig Personen bestehen, sodass im Laufe der Stunde die Reiter gewechselt wurden. Auch fand sich stets ein Reitlehrer, der die Mädels einige Bahnfiguren ablaufen ließ, sodass die Reiter nicht ganz das Gefühl bekamen, dies wäre nur eine Außenstelle des Rummelplatzes. Den emotionalen Höhepunkt einer solchen Reiterei bildeten die Solotrabeinlagen der Brigadereiter begleitet von den Kommentaren ihrer Kollegen und Kolleginnen. Diese verfolgten das Geschehen an der Bande, amüsierten sich über die schmerzverzerrten Gesichter und manchmal zeigten sie auch Mitgefühl mit den armen Pferden. Da es praktisch nie einen Abteilungstrab gab, konnte man die Talentshow beim Herantraben an das Ende der Gruppe so richtig genießen. Weil das Verhältnis zu Geld in der DDR auch ein anderes war, als wir es heute kennen, zahlten sich Glücksgefühle der Werktätigen für Reitmädchen und Reitlehrer sogar manchmal in Form von „Alu-Chips“ aus. Viel häufiger waren Sachspenden wie zum Beispiel rote Fassbrause oder ein leckeres Eis am Stiel.

Am Ende zog die Brigade gemeinschaftlich in die Reiterklause, wertete die Stunde bei Bier und Schnaps sowie deftigen Speisen aus und vermutlich gab es im Anschluss an diesen Teil mehr körperliche Ausfälle, als es jemals Abwürfe beim „Brigadereiten“ gegeben hat.

Lektion: Die gerittene Brezel

Eine Nachricht auf meinem Handy zeigte mir an, dass meine geplante Einzelstunde leider krankheitsbedingt ausfallen muss. Natürlich würde ich dennoch reiten, aber mit Unterweisung lerne ich derzeit deutlich mehr. Meine Frau, in Personalunion auch Pferdebesitzerin, bot sich an, den Unterricht kurzfristig und sogar kostenfrei zu übernehmen. Ein guter Freund meinte: „Hältst du es für eine gute Idee, dir von jemanden etwas sagen zu lassen, mit dem du schon eine Weile zusammenlebst?“

Umgekehrt hatten wir das schon recht erfolgreich praktiziert, denn immerhin war ich ja so viele Jahre länger schon eine Reiter. Also ließ ich mich darauf ein und wurde schon von den umfangreichen Vorbereitungen Susannes in der Reithalle überrascht, als ich mit Coba zur Stunde erschien. Eine stattliche Anzahl von blauen und gelben Hütchen war an der kurzen Seite platziert und die Hallenmitte zierte ein Stern aus mehrfarbigen Plastetellern.

Während der Aufwärmphase erklärte meine Frau mir schon einige der Wege, die ich auf dem Hallenboden abreiten sollte, der auf mich wie das Rollfeld eines Flugplatzes wirkte.

Von der gerittenen Brezel hatte ich vorher noch nie etwas gehört. Dies stamme aus der „Dualaktivierung“, ein Begriff, der mir schon einmal begegnet ist und von dem ich weiß, dass es die Konzentrationsfähigkeit von Pferd und Reiter verbessern soll, auch wenn die Dualität des Fachbegriffes vordergründig nur auf das Pferd ausgelegt ist.

Im Schritt klappte das mit der Brezel sehr gut und so schien es auch im Trab möglich zu sein. Zunächst ritt ich einige Übergänge, um die Aufmerksamkeit des Pferdes auf mich zu lenken. Da der Hallenboden nicht so gut wie sonst gewässert war, füllte sich die Luft mit reichlich Staub. Ein Versuch, diese für mich neue Bahnfigur im Leichttraben zu absolvieren, wurde durch das plötzliche und mehrfache Niesen meines Pferdes unterbrochen. Auch ein nächster Anlauf scheiterte im Ansatz, da ein weiteres Pferd zum Üben in die Halle kam.

Konzentrationsfähigkeit und Haltung als elementare Voraussetzungen für eine gelungene Übung ließen bei mir stark zu wünschen übrig. „Duale Aktivierung" erfuhr ich mit Hilfe der Musik, welche aus dem Radio erklang. Der Rhythmus passte perfekt zur angestrebten Trabfrequenz des Pferdes und so nutzte ich die Klänge des Songs, um die Figur erneut anzureiten. Diesmal gelang es ohne Unterbrechung und selbst das Umsitzen und Umstellen des Pferdes im richtigen Moment war gleichsam der logischen Abfolge der Bretzelreiterei zum Takt des Liedes geschuldet. Nun erfolgte das Ganze noch einmal im Aussitzen zum nächsten passenden Musikstück aus dem Radio. Den Schwierigkeitsgrad empfand ich sogar als noch etwas höher. Aber es klappte fehlerfrei. Die Brezel hatte ich gemeistert, sodass mir nur noch der Stern übrigblieb. Den Zirkel verkleinern und vergrößern, ebenfalls in Schritt und Trab, so lautete die Vorgabe meiner aufmerksamen Lehrerin. Die schier unendliche Anzahl der vielen bunten Tore erforderte höchste Konzentration, die bei Coba wohl besser ausgeprägt war als bei mir. So war es auch nicht verwunderlich, dass der Trab weder flüssig noch durchgängig ablief. Susanne meinte, es wäre nicht so schlimm, dass diese Übung heute noch nicht wunschgemäß verlief. So viel Geduld hatte ich von ihr nicht erwartet. Ein Lehrerwechsel bietet eben stets neue Perspektiven und fördert Erkenntnisse. Wenn das mal nicht wirklich „dual“ aktiviert.

Rumänien: Distanzhindernisführen zu Kampfliedern

Im Kessel über dem Feuer mitten in der rumänischen Wildnis des Harghitha-Gebirges köchelte die Krautsuppe. Es war Mitte Juli des Jahres 2009, als ich das Land Rumänien zum ersten Mal bereiste. Mit dabei waren Susanne, meine Frau, sowie Sylvia und Uwe, langjährige Reitfreunde aus Leutzsch. Gemeinsam suchten wir uns einen Reiturlaub aus, der uns in ein touristisch kaum beachtetes Randgebiet Europas führte. Ein Traum, werden sicher manche denken, doch hatte sich das in der Katalogbeschreibung zunächst harmloser gelesen, als wir es direkt vor Ort erlebten.

Der Startpunkt unserer einwöchigen Tour lag bereits im Wald, wo wir in einem Häuschen übernachteten. Unser Reitguide, Csaba, der zum ungarisch sprechenden Bevölkerungsteil zählte, empfing uns freundlich und zeigte auf die Packtaschen der Pferde. „Ihr dürft so viel mitnehmen, wie ihr da hineinbekommt." Der Katalog versprach zehn Kilogramm Gepäck pro Nase und es war schon vor der Abfahrt schwierig gewesen, passend auszusortieren. Man ist es nicht gewöhnt, sich derart zu beschränken, wenn man mit einem Auto reist. Eine Zahnbürste beispielsweise und ein Kugelschreiber für das Reisetagebuch, all so was stellt kein Problem der Logistik dar. Zum Glück kamen die Isomatten und Zelte in einen Extrasack der Packpferde, sodass wir lediglich noch Unterwäsche, Regenbekleidung und eine komplette Wechselausrüstung nebst minimaler Waschausrüstung in die Satteltaschen zu stopften hatten. Danach vertrauten wir alles Restliche und auch Wichtige, was man unterwegs verlieren konnte, dem Hausbesitzer an.

Darunter waren die Ausweispapiere, Autoschlüssel und selbst unser Geld. Alles lagerte im Nirgendwo rumänischer Wälder, denn solche Dinge würden wir schließlich nicht benötigen.

Mit dem Verlassen des Geländes auf unseren mittelgroßen Pferden durchritten wir gleichsam ein Zeitportal, was mir allerdings erst viel später bewusst werden sollte. Die Karawane der ausschließlich aus Schimmeln bestehenden Abteilung sah natürlich beeindruckend aus. Csabas Pferde, trittsichere und brave Lipizzaner-Kreuzungen aus eigener Zucht, waren ein Leben an Berghängen und in Wäldern gewohnt. Sie zu reiten stellte uns nicht vor große Herausforderungen, wenngleich wir gewarnt waren, dass wir mit Fluchtverhalten rechnen sollten, falls wir tatsächlich einem Bären in freier Wildbahn begegnen. Auch die Sättel waren bequem und dem Pferderücken so angepasst, dass sie weite Strecken damit bewältigen konnten.

Die Auswahl geeigneter Rastplätze erfolgte stets nach drei Kriterien: eine Weide für die Pferde, loses Brennholz und irgendwo eine Quelle. Solch eine ursprüngliche Form des Reisens hatte ich noch nie erlebt und keinesfalls hätte ich das wissentlich gebucht. Nun gab es aber kein Zurück, denn schon allein, um den Weg zu finden, bedurfte es der Fähigkeiten eines Waldläufers, über die Csaba zweifelsfrei verfügte. An winzigen Fähnchen oder Abzweigungen, die wir nicht mal als Weg erkannten, bog er nicht selten genau dann ab, wenn die Wege breit genug für zwei Pferde nebeneinander waren und an gepflegte Spazierwege in deutschen Wäldern erinnerten. In meinem Kopf tickte anfänglich der Zeittakt unserer modernen Welt, der so gar nicht zum Rhythmus dieses Wanderrittes passte.

In der italienischen Komödie „Robinson Junior“ verschlägt es einen an das Stadtleben gewohnten Geschäftsmann auf eine einsame Insel. Weil er so gar nicht mit der Natur zurechtkommt, baut er sich ein Kino am Strand und redet mit den nicht vorhandenen Nachbarn in den Sitzreihen über das abwechslungsreiche Programm. Sinngemäß verläuft sein Monolog so: „Was gibt es denn heute zu sehen? – Aha, das Meer. Nun schon wieder das Meer. Das war lief erst gestern. Immer geben sie nur das Meer.“

Mir ging es im Gegensatz zu meiner Frau ganz ähnlich. Ich sah nur Wald und Bäume und Wiesen und wieder Wald. Sie dagegen hörte die Geräusche der Borkenkäfer in einem toten Baum, sammelte Kräuter, weil die Teebeutel am zweiten Trailtag zu Ende gingen, und genoss die Einsamkeit und Ruhe. Wir reisten zwar gemeinsam, aber dennoch im Geiste getrennt durch ein Land, welches reich an Kunst und Kultur ist, nur eben nicht auf unseren Gebirgspfaden. Am vierten Tag weckte uns die Peitsche unseres Reitguides, der scheinbar nie schlief, weil er sich nachts Sorgen um Bären und Wölfe machte, vor denen unsere Pferde geschützt werden mussten. An seinen Sattel gelehnt, den er mit einem Fell gepolstert hatte, saß er schlafend und dennoch wachsam. Seine überaus ruhige, fast verschwiegene Art kam nur aus der Fassung, wenn am Wegesrand Pilze standen, die sich hervorragend als Abendessen eigneten. Dann freute er sich, ließ uns mitsammeln und bereitete stets ein leckeres Essen aus den biologischen Fundstücken sowie mitgeführten Vorräten, welche die Vielfalt unserer Speisekarte in den rumänischen Wäldern bereicherte. Manchmal begegneten wir Schafhirten und er kaufte Milch oder Eier. Bezahlt wurde mit selbst gebranntem Schnaps, denn hier in der Einöde besaß Papiergeld keinen Wert. Folglich bekam man am Abend auch keinen Alkohol zu trinken, denn der war zu wertvoll.

Dieser vierte Tag im Wald führte nun durch so unwegsames Gelände, dass wir absteigen mussten und die Pferde am Zügel führten. Vor uns lief der schweigsame Csaba, welcher hin und wieder einen dicken Ast mit einer Axt beseitigte, damit wir mit unseren Pferden an der Hand die Strecke auch passieren konnten. Unsere zwei Packpferde mit den Vorräten bahnten sich ihren Weg allein, wobei eine der Satteltaschen zu Schaden kam und vor Ort repariert werden musste. Uwe meinte scherzhaft: „Heute Abend sind wir bestimmt Weltmeister im Distanzhindernisführen."

Aber auch ihm verging die gute Laune nach einer Stunde Fußmarsch durch das oft schlammige und manchmal sehr steinige Gelände und die Anstrengung legte sich uns Touristen aufs Gemüt. Wer von uns als erstes *Spaniens Himmel* und die *Moorsoldaten* anstimmte, steht nicht in meinem Tagebuch. Aber es befreite seltsam rasch von trüben Gedanken und das Singen im Wald lenkte alle enorm ab. Wilde Tiere mit Sicherheit auch, aber auf eine Begegnung mit den Bären wollten wir es im Interesse der Pferde nicht ankommen lassen.

Der wunderschön gelegene Rastplatz am Teufelsmoor, welchen wir am Abend erreichten, entschädigte für die als Quälerei empfundene Wegstrecke. Dort gab es natürliches mit Kohlensäure angereichertes Mineralwasser aus einer Quelle direkt neben den Zelten. Der mit frischen Blättern hier sprießender Wasserminze zubereitete Tee und die überbackenen Pilze schmeckten so köstlich wie ein 5-

Sterne-Menu im Nobelrestaurant. Offenbar war auch ich nach vier Tagen Zeitreise mitten im Wald angekommen.

Dass ich am Tag der Abreise wegen einer Verstopfung, die auf übermäßige Verwendung von IMODIUM® akut zurückzuführen war, für einen halben Tag ins Krankenhaus musste, sei nur am Rande erwähnt. Glücklich, wenigstens noch die letzte frische Unterhose angezogen zu haben, brachte mich Csaba in das sehr gepflegt wirkende Gebäude. Wie mag ein deutscher Tourist in rauchgeschwängerten Reitklamotten ohne jegliche Ausweispapiere auf das Empfangspersonal gewirkt haben? Anscheinend so elend, dass man mich, ohne meine Identität festzustellen, mittels einer Infusion und zwei Einläufen von den höllischen Bauchschmerzen befreite. Nicht einmal Geld verlangten die hilfsbereiten rumänischen Ärzte. Ihnen bin ich ewig dankbar und Rumänien habe ich inzwischen auch schon wieder besucht.

Rückblickend schätzte Susanne unsere (Zeit-) reise so ein, dass wir jetzt endlich wüssten, wie sich Siedler auf einem Treck in der neuen Welt gefühlt haben müssen. Mit nur dem Nötigsten an Ausstattung aufzubrechen über nahezu menschenleere Wege an ein unbestimmtes Ziel zu gelangen und dabei noch herauszufinden, dass man so Teil der Natur selbst werden kann, wäre die wichtigste Erfahrung in ihrem Leben gewesen.

Ein Hirtenstab, welchen ich im Austausch für ein paar Zigaretten am Ende des Trails geschenkt bekam, erinnert mich heute noch an diese außergewöhnliche Reise, von der ich erst ein halbes Jahr später so berichten konnte, dass es außer Bäumen und Wald noch so viel mehr zu sehen gab.

Lektion: Alles eine Frage der Koordination

Nach zwei Reitstunden in Eigenregie, aber mit hilfreichen Tipps habe ich wieder Unterricht bei Heidi, meiner Reitlehrerin. Natürlich möchte ich alles richtig machen und bin schon beim Satteln des Pferdes nicht ganz konzentriert. Nachdem die Trense sitzt und wir zum Reitplatz loslaufen wollen, fällt mir auf, dass die Fliegenmütze fehlt. Das geht ja gut los, denke ich und fast als Bestätigung fragt sie mich, ob ich aufgeregt wäre. Unnötig zu erwähnen, ich bin dies fast immer zu Beginn einer Lektion und vergesse ganz schnell, an was ich alles denken wollte.

Es bleibt mir nicht viel Zeit, darüber nachzugrübeln, denn schon werden die Slalomübungen der letzten Reitstunde in erweiterter Form geübt. Ob Coba, mein Pferd, richtig wach ist, weiß ich nicht genau einzuschätzen. Ich bin es sicher noch nicht, denn schon höre ich den Kommentar: „Vorn sieht es aus wie ein Buslenker und von hinten kommt nicht viel hinterher.“ Zufriedenheit mit der Leistung eines Reitschülers würde sich anders anhören, wenngleich ich genau diese bildlichen Vergleiche mag. Nun basteln wir schon seit Wochen am Zügelmaß und einer Hilfengebung, die gut dosiert beim Pferd ankommt. Ich sollte es inzwischen besser beherrschen, aber anscheinend verfalle ich einer gewissen Nachlässigkeit, die man sich in der Geländesaison recht schnell angewöhnen kann.

„Der äußere Zügel sollte anstehen und nimm die Hand tief. Du bist hier nicht bei einer S-Dressur. Als Freizeitreiter kommt es mir darauf an, dass deine Hilfen korrekt gegeben werden. Am Stil können wir später herumbasteln.“

Die Hütchenreihe auf der Mittellinie kann endlich wie gewünscht im Schritt geritten werden. Da die Abstände bewusst klein gehalten wurden, gilt es schnell umzudenken und auf der richtigen Seite zu treiben, während das Pferd mit halben Paraden aufmerksam gemacht wird. Auch dabei ist ein Umdenken nötig, was schließlich auf eine der Grundfähigkeiten für die Reiterei hinausläuft, sich gut zu koordinieren. Wie gut, dass ich nicht schon als Kind in den Sattel gestiegen bin, denn als Autofahrer weiß man bekanntlich links und rechts zu unterscheiden. Am besten beherrsche ich die Koordination meiner Hände beim Tischtennis. Ich kann den Schläger nur mit der rechten Hand führen und Bälle ausnahmslos nur mit der Linken fangen. Beim Tanzen klappte die Rechtsdrehung beim Wiener Walzer sehr gut, während ich bei Linksdrehungen meine Füße nicht selten verwechselte und schnell aus dem Takt geriet. Übertragen auf den Reitsport sieht es nun so aus: Bei einem Geländeritt ist es stets so, dass ich mit der rechten Hand den Fotoapparat benutzen kann und dabei links die Zügel halte. Es ist daher sehr wahrscheinlich, dass auch da meine Fertigkeiten von einer Seite dominiert werden. Dies legt die Vermutung nahe, dass sich die Einseitigkeit meiner Hände auch in gewisser Weise auf ein Dressurviereck übertragen lässt. Bei paralleler Zügelführung fällt es nicht auf, das Pferd läuft geradeaus. Denken wir einen Schritt weiter. Wir reiten auf dem Zirkel und wechseln auf die andere Hand. Bei „X“ wird umgestellt. Das klappt bei einem so großen Durchmesser fast automatisch. Erfolgen die Wechsel von rechts nach links jedoch in Abständen von gut zwei Metern, wird mir ganz schnell ganz warm.

Dennoch ist meine Reitlehrerin zufrieden auch wenn mein Blick, anstatt geradeaus gerichtet zu sein, immer nach unten zu den Hütchen schielt, ob sie noch stehen. Bezüglich der Koordination hat sich noch eine zweite Baustelle offenbart. Immer, wenn ich auf der linken Hand antraben will, knicke ich in der linken Hüfte ab und mein rechtes Bein treibt zu weit hinter dem Gurt. Folglich läuft mir das Pferd aus dem Hufschlag und an Trab ist nicht zu denken. Dann muss ich kurz stehen bleiben, alles neu sortieren und unverkrampft einen neuen Versuch starten. Es kann gelingen und klappt am besten, wenn ich irgendwie abgelenkt bin. Bei dem Wunsch, alle Dinge auf dem Pferd gleichzeitig koordinieren zu wollen, endet man schnell in einer Sackgasse. Weniger denken bewirkt auch hier oft mehr, denn die Zentren für Konzentration und Entspannung scheinen sich auch im Gehirn stets Fragen zur gegenseitigen Koordination zu stellen. Als hätte sie meinen Wettstreit im Kopf verfolgt, ruft Heidi mir zu: „Vergiss dabei das Atmen nicht!“

Zutaten für das Jagdgericht

Zunächst benötigt man ausreichend stattliche Pferde, zahlungskräftige Reiter mit der entsprechenden Kleidung im klassischen schwarz-weißen Look, ein passendes Gelände mit geeigneten Hindernissen sowie abgeerntete Felder für den finalen Jagdgalopp. Weiterhin sind ein Fuchsschwanz, ein sogenannter Master mit Fähigkeiten im Jagdhornblasen, der Tross mit Verpflegung sowie die medizinische Absicherung für sich möglicherweise dabei verletzende Pferde oder Reiter einzuplanen. Eine echte Hundemeute, die kläffend die Reiter begleiten würde, wäre fantastisch anzusehen, aber da die Jagd auf wilde Tiere in Deutschland seit 1936 verboten ist, sind diese überaus selten geworden. Ersatzweise sollte es nicht an interessierten Zuschauern mangeln, wenn man sich schon so eindrucksvoll präsentiert. Außerdem wären noch diverse Getränke zu besorgen, welche man unterwegs oder beim abschließenden Jagdball konsumieren kann. Doch vorher käme das unverzichtbare und völlig unvoreingenommene Jagdgericht zu Wort, um wenigstens einen Teil der entstandenen Unkosten dieses Tages wieder einzutreiben. Wenn das Rezept für eine solche Reitjagd gelingen soll, müssen viele Leute Lust und Zeit haben, sich dem erheblichen logistischen Aufwand zu stellen und dieses Ereignis mit Leidenschaft vorbereiten.

Wen wundert es da, dass solch ein Großereignis auf dem Lukashof meistens nur einmal im Jahr stattfand und die Ehre der Teilnahme nicht jedem Reiter vergönnt war.

All diese notwendigen Voraussetzungen für eine der traditionellen Fuchsjagden in Leutzsch waren am 6. November 1994 gegeben. Die Last der Organisation lag nicht nur bei der komplett dafür eingespannten Familie Lukas, sondern auch bei einer besonders engagierten Reiterin meiner Samstagsgruppe. Die Vorauswahl der aktiven Teilnehmer für diesen Tag erfolgte somit mit einen leichten „Heimvorteil“ für uns. Mehr als die Hälfte der zehn Reiter schaffte so die „Qualifikation“ und stammte zudem aus meinem direkten Freundeskreis. Zusätzlich gab es geschriebene Einladungen, einen gestifteten Pokal für den Sieger und jeder beteiligte sich am Buffet für den Abend, indem man Speisen und Getränke beisteuerte.

Sich für einen derartigen Tag entsprechend zu kleiden, stellte die erste Hürde dar, weil ich keine Unsummen für ein womöglich einmaliges Ereignis ausgeben wollte. Eine leicht abgeänderte Malerhose war nicht nur vorschriftsmäßig weiß, sondern auch weit genug geschnitten, um sich bequem in den Sattel zu schwingen. Ein weißes Hemd besaß ich schon und den passenden Schlips erhielt ich von meinem Vater. Fehlte noch ein Jackett, welches ich bei „C&A“ für fünfzig Mark erstand. Ich kaufte es sicherheitshalber eine Nummer größer und kann es sogar heute noch tragen. Die aus Glattleder bestehenden Offiziersstiefel der Nationalen Volksarmee entsprachen fast dem Reglement. Der mit Samt bezogene Reithelm nebst einer antiken kurzen Springgerte mit Horngriff komplettierte meine fabelhafte Jagdausstattung. In der Jackentasche steckten gut verwahrt ein Stück Bindfaden sowie das Taschenmesser als Universalwerkzeug. Nicht, weil ich handwerklich in der Lage gewesen wäre, notwendige Reparaturen am Zaumzeug selbst vorzunehmen, sondern vielmehr um es auf Nachfrage dem kritischen Jagdgericht präsentieren zu können.

Der überaus schöne Novembertag begann früh im Stall mit dem besonders sorgfältigen Putzen unserer Pferde in der Box. Ich achtete darauf, dass die Anzahl der sogenannten „Striche“, welche man bei Ausklopfen des Striegels gut sichtbar auf dem Boden davor platzierte, „dreizehn“ betrugen, denn irgendwer hatte mir gesagt, dass es bei Turnieren aller Art mindestens so viele sein sollten.

Das Jagdgericht, bestehend aus der Tochter des Reiterhofbesitzers und gleichzeitig unsere Reitlehrerin wurde durch ihre ebenso fachlich versierte Freundin verstärkt. Mit Notizblock und Stift bewaffnet kamen sie an jedem Putzplatz kritisch prüfend vorbei. Dann kleidete man sich flugs um, sattelte die Pferde, was eine erneute Gütekontrolle nach sich zog, und sammelte sich schließlich auf dem Reitplatz. Selbst aufs Pferd zu kommen, ohne dabei eine Aufstiegshilfe zu benutzen zählte zu den Mindestanforderungen. Insgesamt nahmen neun Großpferde sowie ein Haflinger an der Jagd teil. Der Master, für den nur der in Leutzsch legendäre „Leander“ in Frage kam, begrüßte die angetretenen Reiter, erklärte die Regeln und gab mit dem Jagdhorn Signal. Nicht zu vergessen ist der Bügeltrunk, welcher auf dem Pferd sitzend natürlich mit der rechten Hand einzunehmen war. Es gab den in der DDR äußerst populären Weinbrand-Verschnitt der Marke *Goldbrand* für alle aus der gleichen 0,7 Liter fassenden Flasche zu trinken. Der mit nur zweiunddreißig Prozent Alkoholgehalt eher milde Schnaps versetzte, je nach getrunkener Menge, einige Reiter in eine geradezu euphorische Stimmung. Die Aufregung der Pferde beim Abmarsch war somit erklärlich, doch löste sich die Spannung beim ersten Galopp auf den Kanalwiesen. Leander legte es stets darauf an, ihn zu überholen, weil das saftige Strafen durch das Jagdgericht nach sich ziehen würde.

Als wir am späten Vormittag Schlohbachs Hof erreichten, waren zahlreiche Zuschauer auf Fahrrädern oder mit dem Auto bereits angereist und sammelten sich an einer großen Wiese, um das Springen zu beobachten. Die Hindernisse, welche meist aus dickeren Ästen extra für diesen Tag errichtet waren und auch zum Gelände passend nach einer Bodenwelle aufgeschichtet im Wege lagen, galt es zu Pferde in der geschlossenen Abteilung zu überwinden. Master und Fuchs an der Spitze reitend setzten zum Galopp an und alle folgten ihnen nach. Da wir niemals Training in dieser Disziplin hatten, sondern öfter nur bei Geländeritten herumliegende Baumstämme auf diese Art überquerten, stellte dieser Abschnitt des Tages technisch die höchsten Anforderungen an uns Gelegenheitsreiter. Die Leutzscher Pferde waren, bis auf „Gigant", den Haflinger, so nett, uns mit über die Hindernisse zu nehmen, obwohl wir ihnen dabei sicher oft im Maul hingen oder hinter der Bewegung zurücklagen. Gigant jedenfalls absolvierte den ersten Durchlauf ohne seinen störenden Reiter und sprang zuverlässig mit. Es folgte eine weitere Runde und das Jagdgericht hatte jede Menge zu notieren, wenn die Pferde, inzwischen schlau geworden, das Hindernis umgingen.

Auch ich sammelte einige Minuspunkte, war aber glücklich, überhaupt im Sattel geblieben zu sein. Diesen wirklich aufregenden Minuten folgte das Mittagessen, welches frisch gekocht direkt aus der Gulaschkanone serviert wurde. Dazu gab es reichlich Bier, weil der Alkoholgehalt im Blut längst wieder gesunken war. Das herrliche Herbstwetter und die Färbung der Bäume trugen ihr Übriges dazu bei, um sich dekadent herrschaftlich zu fühlen. Nach der Pause ging es für Akteure und Zuschauer weiter Richtung Domholzschänke. Dahinter hatte der Organisationstrupp ein abgeerntetes Stoppelfeld ausgemacht, wo der finale Jagdgalopp ausgetragen werden sollte. Auf Kommando des Masters hin erfolgte ein offener Start mit dem Ziel, ihn tatsächlich zu überholen. Doch an einem so versierten Reiter wie Leander im freien Feld vorbeizujagen, gelang niemandem von uns. Mit meinem zuverlässigen Fuchs-Wallach, der zwar einen kräftigen Antritt vorlegte, sich dann aber eher verhalten zeigte, platzierte ich mich im letzten Drittel unserer wilden Verfolgung. Leider lahmte eines der Pferde nach dem schnellen Galopp und musste verladen in den Stall zurück transportiert werden. Sein Reiter kehrte auf dem Kremser des Jagdgerichts mitfahrend heim.

Uns anderen stand noch eine letzte Prüfung bevor, welche im Ausheben des Fuchses bestand. Die während der bisherigen Jagd lustig im Wind schwingende und an einem Reiter befestigte Rute des Tieres, welcher den Fuchs symbolisierte, wurde in einem Waldstück versteckt. Auf ein weiteres Kommando des Masters hin durfte sowohl reitend als auch laufend die Trophäe gesucht werden. Der glückliche Finder würde dann den Fuchs der nächsten Reitjagd spielen dürfen. Auch bei diesem Spiel war ich regelrecht chancenlos, denn mit meinem Tunnelblick sah ich nur rotbraunes Laub, aber keinen Fuchsschwanz im Gelände. Doch schließlich zählte der Spaß und wie schon nach dem Jagdrennen als auch nach dem Ausheben des Fuchses gab es wieder „Goldbrand“ als Bügeltrunk. Ein zusätzlich am Stirnriemen der Trense befestigter Eichenzweig symbolisierte den erfolgreichen Abschluss der Reitjagd. Diesen galt es auf dem Heimweg gut zu bewachen, musste er doch am Abend zur Verhandlung dem Jagdgericht vorgewiesen werden.

Leanders Horn verkündete das offizielle Ende und der Rückweg glich einem routinierten Geländeritt. Ich kann mich nicht erinnern, ob meine Strafsumme am Abend recht hoch gewesen ist. Rückblickend hätte ich sogar das Doppelte gezahlt, denn ich kann mit Stolz sagen, dass ich dieses Schauspiel gleich zweimal als aktiver Teilnehmer miterleben durfte. Eingedenk notwendiger Voraussetzungen für Reitjagden bei heutigen Sicherheitsbestimmungen nebst stark reglementierter Reitmöglichkeit im Leipziger Auwald halte ich die Wiedergeburt einstiger Jagdtradition in Leutzsch für eine schöne Utopie. Doch würde sich für mich nochmals die Ehre einer Teilnahme ergeben, dann ließe ich mir solch eine Chance gewiss nicht entgehen.

Lektion: Erzeugen vierblättrige Kleeblätter Glücksgefühle?

Mit dem Fortschreiten des Unterrichts steigen Anforderungen und Erwartungen bei meiner Lehrerin und bei mir als Reitschüler. Also wird zu Beginn der Stunde ein kleiner Hindernisparcours aufgebaut. Dieser besteht aus vier Stangen, für Trab gelegt, sowie vier weiteren, in Form eines Kreuzes und mehreren Hütchen, welche eine Slalomstrecke bilden.

„Heute wird es etwas anstrengender, sodass du kraftsparend reiten solltest, damit wir die einzelnen Übungen auch kombinieren können."

Es freut mich, dass die Bahnfiguren komplexer werden. Motiviert beginne ich das Pferd im Schritt warmzureiten und nach wenigen Minuten starten wir mit der Trabarbeit. Das klappt heute besser als sonst und so spricht nichts dagegen, auch noch anzugaloppieren. Wirklich nichts, denke ich rückblickend, wo der letzte Galopp mit Coba doch schon Wochen zurücklag. Anstatt mich zu freuen und den Arbeitswillen meines Pferdes richtig zu deuten, denke ich nach. Dabei verkrampfe ich mich und falle beim Angaloppieren aus der angespannten Körperhaltung.

„Jede Aktion besteht aus dem Annehmen und Nachgeben", dringt an mein Ohr, während meine Hände wie eingefroren an einer Stelle verharren und mein Oberkörper vorschwingt. „So kann kein Pferd angaloppieren. Du musst mit der Bewegung mitgehen, ihr dabei Luft lassen und deine Hände nicht wie Stöcke vor dir tragen. Das habe ich dir doch schon gesagt!"

Ja, hat sie, und ich ärgere mich über mich selbst. Dann endlich gelingt auch der Galopp, wenngleich die Hilfen nicht auf den Punkt gegeben wurden und ich das eigentlich besser kann. Etwas Anspannung fällt von mir ab. Nun kommt ja nur noch die Hindernisstrecke, überlege ich optimistisch gestimmt. Über die Trabstangen komme ich ganz gut. Danach soll ich aussitzen und im Slalom durch die Hütchen reiten. Das hatte doch schon mal prima funktioniert, denke ich leicht frustriert, weil sowohl mein erster als auch der zweite Durchlauf gründlich misslingen.

„Soll ich dir sagen, dass du mit so langen Zügeln dein Pferd nie unter Kontrolle bringst? Das sehe ich schon im Ansatz, dass das nichts wird", höre ich Heidi rufen.

In meinem Gehirn rattert es. Über den Trabstangen den inneren Zügel leicht hingeben, dann aussitzen, nach dem nächsten Hindernis schauen und die Hilfen gut koordinieren. Ich schaffe es noch, die Zügel einzusammeln, und reguliere das Pferd mit den Schenkeln.

„Und wo waren deine Gewichtshilfen? Du reißt das Pferd an den Zügeln rum, anstatt es zusammengestellt mit Kreuz und Schenkeln zu lenken. Denk daran, die Zügel nur zur Begrenzung einzusetzen und das Pferd mit halben Paraden aufmerksam zu machen. Hast du ein Glück, dass Coba dir das verzeiht!"

Sie hat natürlich Recht, denke ich, während ich das letzte Hindernis anreite. Nun aber wenigstens noch einen guten Abschluss des Parcours erreichen, leuchtet es vor meinem inneren Auge auf. Als ich das „Kleeblatt" zum ersten Mal reiten sollte, habe ich so tolle Knoten fabriziert, dass ich die Figur hinterher ablaufen musste, um mir den Bewegungsablauf einzuprägen. Kaum bin ich hindurch, kommen keine Glücksgefühle auf, denn Heidi meint nur: „Was waren denn das für Kringel? Wie soll dein armes Pferd denn so enge Wendungen im Trab reiten. Dass sie das überhaupt gemacht hat, ist schon verwunderlich."

Damit am Ende alle glücklich sind, will ich es nochmal versuchen.

„Heute nicht!"

Nun, den Anweisungen muss ich mich fügen, wenngleich ich doch so glücklich war, dass ich die Bahnfigur ohne Fehler in der Abfolge durchreiten konnte. Es wird eine Neuauflage dieser Hindernisstrecke geben. Wenn ich die Grundlagen sicher anwende, ohne unnötigen Druck aufzubauen, muss ich das Glück sicher nicht erzwingen, auch wenn die Bahnfigur eines vierblättrigen Kleeblattes dies scheinbar verheißen mag.

Ungarn: Wenn Staub galoppierender Rosse die toten Helden Arpads erweckt

Im nahe der bekannten Stadt Szeged gelegenen Ort *Ópusztaszer* verspürt die ungarische Nation einen Teil ihrer kulturellen Wurzeln. Das Herzstück eines sehenswerten Freizeitparks bildet die Rotunde genannte Halle, welche mit einem monumentalen Panoramagemälde ausgestattet, die Gründungslegende Ungarns eindrucksvoll in Szene setzt. Der legendäre Heerführer Arpad, umringt von seinen sieben Hauptleuten thront siegreich auf einem Schimmel reitend über dem staubigen Schlachtfeld. Mit der symbolischen Landnahme durch das aus dem Osten kommende Volk hielt auch ein Teil der Reiterkultur des heutigen Ungarns in den weiten Steppen des Karpatenbeckens Einzug.

Rund eintausend Jahre nach Arpad verschlug es den damals in Leipzig studierenden späteren Schriftsteller Hugo Hartung als Austauschstudenten in die südungarische Tiefebene. Sein zeitlos frisch wirkender Roman *Ich denke oft an Piroschka* und meine persönlichen Erlebnisse bei Reiturlauben in genau dieser Gegend bilden ein Mosaik an Erinnerungen, welches meine Betrachtungen über Ferien in diesem Land zu einer Mischung aus Vergangenheit und Verklärung werden lässt. Dabei habe ich sorgfältig im Reisetagebuch notiert und zahlreiche Fotos illustrieren die jeweiligen Momentaufnahmen des tatsächlich Erlebten. Und dennoch waren meine Emotionen nie frei von Analogien zur literarischen Vorlage.

Ritten wir im Sommer des Jahres 2012 durch die endlos wirkende Weite der Steppenlandschaft zwischen Donau und Theiss, so fühlte ich mich gedanklich oft in das Zeitkolorit des rund neunzig Jahre zuvor angesiedelten Romans hineinversetzt. Kein Wunder also, dass mir die Milchstraße wie *der Staub von den Hufen der Rosse der toten Helden seit Arpads Zeiten* vorkommen musste. Susanne ging es wohl ähnlich, denn immer wieder zitierten wir Aussprüche des gleichnamigen Films und vor unseren Augen erblickten wir *Andi und Piri* beim Maisrebeln. Als wir dann tatsächlich an einem Tag die Tárogató bei einer Pferdeshow live gespielt hörten und die Sonne danach rotgolden über einem Ziehbrunnen der Bakod-Puszta versank, war die Illusion nahezu perfekt.

Es war unser zweiter Reiturlaub bei Familie Cseppentö, die in Ópusztaszer ein wunderschönes Camp betreiben und so für Touristen authentisch an die historisch eingewanderten Volksstämme erinnern. Neben den aus Kasachstan und der Mongolei stammenden originalen Jurten im Basislager stellten auch ihre Pferde etwas Besonderes dar. Es handelte sich um eine Zucht von Achal-Tekkinern, die zu den ältesten Pferderassen der Welt zählen. Da ihr Zuchtziel an klimatisch heiße und trockene Gebiete sowie an längere Strecken angepasst war, stellte ein Wanderritt im ungarischen Sommer kein Problem für diese edlen Tiere dar. Die Fuchsstute, welche mich in den kommenden Tagen tragen sollte, schien konditionell den Strapazen gewachsen und hübsch anzusehen war sie obendrein. Wir starteten mitten im Lande und legten am ersten Tag rund zweiundzwanzig Kilometer zu Pferde zurück. Den Abend verbrachten wir in einem Gasthaus, welches uns neben kulinarischen Genüssen mit Livemusik beglückte. Die älteren Herren spielten ihre Instrumente leidenschaftlich und ausdauernd. Nur war die musikalische Qualität eher so einzustufen, dass unser ungarischer Reitführer, welcher selbst in einer Band spielte, mit leichten Ohrenschmerzen gleich nach dem Abendessen entnervt den Tisch verließ. Natürlich hatten die Musiker mitbekommen, dass deutsche Touristen an diesem Abend zugegen waren, und eine Parallele zu Hugo Hartungs Roman tat sich auf. Der Primas stimmte tatsächlich *Trink, trink, Brüderlein, trink* zu Ehren der „Deitschen“ an und es klang gar grausig. Susanne und ich mussten im Gegensatz zu den anderen Mitreisenden herzhaft lachen.

Der nächste Tag versprach die längste Etappe, welche mit rund fünfzig Kilometern Länge veranschlagt war. Zeit also, sich davor noch ein wenig Schlaf unter den Sternen der Milchstraße zu gönnen. Die Musiker gaben ihr nächtliches Konzert nicht auf und ihre Misstöne begleiteten uns noch ein Weilchen gedämpft im recht warmen Dachzimmer der Pension.

Pünktlich um 7.30 Uhr beim Frühstück an einem Sonntag zu erscheinen war möglich, wenngleich sich die Spiegeleier mit Schinken eher an den Zeitplan eines Wochenendes hielten. Man servierte sie uns rund dreißig Minuten später, was den Aufbruch etwas hektisch werden ließ, und so blieb neben der Erinnerung an den folkloristischen Abend auch mein Duschbad im Hotel. Man brachte uns per Transporter zur Koppel, wo die Pferde ihre Nacht verbracht hatten. Kurz nach 9.00 Uhr saßen wir in den Sätteln, die eine von Familie Cseppentö handgefertigte Eigenkreation für Distanzritte sind und auf denen man sich wunderbar sicher fühlte. Sandige Feld- und Waldwege führten in eine herrliche mit Wacholder bestandene Heide. Dort galoppierten wir, trabten mehrere Minuten und liefen kurz Schritt, um

Pferden und Reitern eine Pause vor dem nächsten Galopp zu ermöglichen. Es war unbeschreiblich schön und alle genossen es, die Landschaft unter sich dahinrasen zu sehen. Danach folgten wir sehr lange einer Schneise, welche sich unter einer Hochspannungsleitung dahinzog und landschaftlich nur wenig Abwechslung bot. Überall wucherte die Papageienpflanze, die hier beste Bedingungen vorfand, um sich noch stärker auszubreiten. Auf ihren Blättern klebten häufig kleine weiße Schneckenhäuser, welche, vom Pferd aus betrachtet, wie von den Hufen emporgeschleuderte Steinchen wirkten. Manchmal kamen wir auch an einem einsam gelegenen Gehöft vorbei. Grüne Postkästen signalisierten, dass man hier dennoch für die Welt erreichbar wäre. In der immer stärker werdenden Hitze wurde unser Durst unerträglich und der Blick wanderte auf die Uhr. Dreieinhalb Stunden saßen wir bereits im Sattel, ohne auch nur einen Schluck Wasser zu uns genommen zu haben. Die irrsinnige Hitze, welche an diesem Tag noch neununddreißig Grad im Schatten erreichen sollte, und der allgegenwärtige Staub trockneten uns regelrecht aus. Dann erblickten wir endlich den Transporter mit den heißersehnten Getränken. Wir hatten den mittäglichen Rastplatz erreicht und banden unsere Pferde an kleinen Bäumchen an. Zunächst genossen wir frisches Wasser und da wir uns länger ausruhen sollten, fuhr man uns in den nahegelegenen Ort Hajós, einer Ansiedlung der sogenannten Donauschwaben, welche den Weinanbau hier kultiviert hatten. Die auf rechteckigem Grundriss basierende Architektur ihrer Häuser unterschied sich deutlich von den in Ungarn häufig und gern als Kaffeemühlen bezeichneten einstöckigen Bauten mit quadratischer Grundfläche. In einem Gasthaus erwartete uns eine kulinarische Köstlichkeit, welche Susanne noch heute an heißen Sommertagen gern zubereitet. Die kalte ungarische Obstsuppe, deren Rezept im Anhang dieses Buches zu finden ist, weckte unsere Lebensgeister und wir leerten einen riesigen Topf, indem wir die Teller mehrfach füllten, bis kein Tropfen mehr übrigblieb. Die so plötzlich aufgenommene Menge an Flüssigkeit trat als Schweiß sofort wieder aus und so mag der Geruch des leckeren Hauptgerichtes von einigen unangenehmen Ausdünstungen begleitet gewesen sein. Immerhin hatten alle das gleiche Problem und so störte sich niemand daran. Die Mittagsglut war um 15.00 Uhr vorbei und es hieß aufsitzen.

Die eigentlich an diesem Ort angedachte Weinprobe hatten wir auf den Abend verschoben, denn mit Alkohol im Hirn wäre der weitere Ritt bei den herrschenden Witterungsbedingungen mehr als leichtsinnig gewesen. Von nun an gab es in stündlichen Abständen Trinkpausen, die auch erforderlich waren. Nachdem die Gegend der Weinreben hinter uns lag, änderte sich die Bepflanzung der Ebene. Sonnenblumen, welche auf riesigen Feldern neben unserem Weg wuchsen, ließen ihre Köpfe hängen und auch der Mais litt unter der Trockenheit.

Am späten Nachmittag kamen wir in ein sonntäglich verschlafen wirkendes Dorf. An einem Haus mit einem Ziehbrunnen hielten wir an und Tiere wie auch wir Menschen tranken das gleiche frische Wasser, welches den Durst anhaltend löschte. Auf dem Fell der Pferde zeichneten sich weiße Streifen einer salzigen Kruste ab und selbst die Mini-Chaps an meinen Unterschenkeln waren mit ebensolchen Salzmustern deutlich marmoriert.

Der Weg bis zur Donau schien kein Ende zu nehmen und ein Feld löste das nächste ab. Einer der Mitreiter meinte, am Horizont eine Brücke zu erblicken, was den nahen Fluss vermuten ließ. Gleich einer Fata Morgana verwandelte sich das Bauwerk später in einen auf dem Lande stehenden Getreidesilo. Von einer Flussauenlandschaft am Horizont war keine Spur. Nur eine Reihe von Bäumen, die sich bei näherer Betrachtung als Pappelallee an einer wie mit dem Lineal gezogenen Landstraße entlang zog, markierte Vegetation, welche höher aufschoss als die Pflanzen auf Feldern ringsum. Scheinbar führte sie in die Unendlichkeit und nur ganz dünn zeichnete sich ein blaugrünes Band am Horizont ab.

Hatte ich am Vormittag nach dem vierten Galopp bereits aufgehört mitzuzählen, wie oft wir in dieser Gangart Kilometer schrubbten, so stellte jetzt, nach Stunden im Sattel, selbst ein Wechsel von Schritt zu Trab mich vor konditionelle Probleme. Natürlich wollten wir, dass sich der Abstand zum nur langsam näher rückenden Saum der Flussaue möglichst schnell verringerte, aber längere Trabstrecken hielten wir alle nicht mehr durch. Und so zog sich die bald als „Pappelallee des Grauens“ bezeichnete Teilstrecke in die Länge. Susanne wollte schon gar nicht mehr fotografiert werden und auch auf den Gesichtern von uns anderen erblickte man in der Regel die Erschöpfung vom Tage. Doch dann konnte man eindeutig die Donau erkennen und uns alle mobilisierte der hinreißende Anblick einer sich langsam zum Horizont neigenden Sonne. Wir stellten uns am Ufer des Flusses im Halbkreis auf und die rotgoldenen Strahlen, welche uns den ganzen Tag unbarmherzig ausgedörrt hatten, spiegelten sich nun malerisch im Wasser der hinter uns dahingleitenden Donau. Die Strapazen der letzten Kilometer versanken gleichsam im Licht der glänzenden Wasseroberfläche.

Auf unseren Pferden ritten wir noch in ein nahegelegenes Gehöft, wo sie die Nacht über grasen könnten. Dort wurden auch wir herzlich zu einem *Mulotschag* eingeladen. *Joi, du weißt nicht? No, das ist Tanzen, Trinken, Singen, Lustigsein*, wie es in Hugo Hartungs Originaltext zu lesen ist. Bier und Wein, welcher als Gespritzter serviert wurde und daher auch nicht sofort zu Kopfe stieg, flossen reichlich. Das Fett von am Lagerfeuer gerösteten Speckstreifen tropfte auf dicke Weißbrotscheiben und dazu aßen wir im Feuer gegarte Zwiebeln nebst frischen Tomaten, die geschmacklich nichts mit denen aus dem heimischen Supermarkt gemein hatten. Auch ohne zu tanzen schwitzten wir in der Hitze des Abends am knisternden Feuer. Über uns erschienen die ersten Sterne der Milchstraße, die nichts anderes als … *der Staub von den Hufen der Rosse* zu sein schienen. Es war leicht, sich jetzt noch den einprägsamen und schwermütigen Klang einer Tárogató vorzustellen, welcher über die weite südungarische Tiefebene schallend bis an die Ohren unserer Pferde drang. Sie hatten uns, wie Susanne später am Computer ermittelte, an diesem Tag sechzig Kilometer bei neununddreißig Grad Celsius ausdauernd und zuverlässig bis ans Ufer der Donau gebracht. Und von dort aus auch wieder zurück an das Ufer der Theiss, welches wir mit etwas aus der Donau entnommenem Wasser mischten.

Ungarn erlebte ich an diesen und den folgenden Tagen ähnlich, wie es im Roman kurz vor Ende liebevoll beschrieben wird:

Hell lagen die schweigenden Höfe, und die dunklen Balken der Ziehbrunnen deuteten zu Arpads Sternenstaub auf. Kein Windhauch rührte die Blätter der Akazien.

Lektion: Scheinbar Gegensätzliches

Seit Beginn meines kontinuierlichen Reitunterrichts sind vier Monate ins Land gegangen. Angesichts meiner reiterlichen Vergangenheit liegt die Vermutung nahe, dass inzwischen schon viel korrigiert wurde und eine solide Basis zur Erweiterung meiner Fähigkeiten bilden könnte. Genau dafür existiert der Konjunktiv in der deutschen Sprache. Mit ihm hat man die Möglichkeit auszudrücken, was ganz sachlich betrachtet von meiner Wunschvorstellung abweicht. Stellen wir uns ein Beispiel vor: In einem Auto sind Gas und Bremse zwei voneinander getrennt zu betätigende Pedale. Bei einem Pferd übernehmen die Unterschenkel des Reiters gleichermaßen beide Funktionen an einem physikalisch nicht voneinander getrennten Körperteil. Sowohl die Beschleunigung als auch das Durchparieren geschehen über die Hilfengebung mit Kreuz und Schenkel. Für beide Aktionen muss man die entsprechende Körperspannung aufbauen und dosiert Druck ausüben. Um nun eine schnellere Vorwärtsbewegung des Pferdes zu erzeugen, ist oft etwas mehr Druck erforderlich. Beim Anhalten hingegen wirken die Unterschenkel wie ein Rahmen, der dem Pferd Halt geben soll. Der aufzubauende Druck ist geringer und auch nur in Kombination mit den restlichen Körperteilen wirksam. So paradox es auch klingen mag, für zwei völlig unterschiedliche Befehle wird eine ähnliche Bewegung auf dem Pferd vollführt. Damit die Information zweifelsfrei vom Reittier verstanden wird, kommen die Zügel wohldosiert zum Einsatz, welche beim Anhalten in Form einer ganzen Parade beidhändig ausgeführt werden. Das Anreiten funktioniert übrigens mit einer halben Parade, um das Pferd aufmerksam zu machen. Es ist ja so einfach, wenn man sich richtig koordinieren kann.

Genau das wollte mir in der letzten Stunde nicht gelingen. Stets rutschten die Unterschenkel beim Durchparieren in den Schritt nach vorn und die Zügel kamen sichtbar zum Einsatz. Immer, wenn meine Reitlehrerin zu mir blickte, schüttelte sie nur mit dem Kopf. Sie ließ mich sogar die Bügel überschlagen, was jedoch zu einem ähnlichen Ergebnis führte. Schließlich brach sie die Übung ab, was mir nicht genügte. Ich wollte es unbedingt heute noch schaffen, übte ein wenig weiter und hörte sie nur sagen: „Genau aus dieser Situation entstehen Unfälle. Das Erzwingen eines Ergebnisses macht beide unglücklich, Pferd und Reiter. Nur wenn das Pferd dann den Gehorsam verweigert, kann es passieren, dass der Reiter unfreiwillig absitzen muss und sich das Negativerlebnis viel stärker einprägt. Also, wenn ich Schluss sage, dann musst du das im Interesse deiner eigenen Sicherheit einhalten.“

(Ersatz-) Reitlehrer ohne Trainerschein, aber mit Leidenschaft

Mit dem Zusammenbruch der DDR änderte sich auf dem Reiterhof in Leutzsch grundlegend nichts. Reitmädchen kamen und gingen, während die Nachfrage nach dem touristischen Pferdesport ununterbrochen anhielt. Es kamen also stets neue Reitschüler und buchten ihre erste Stunde. Inzwischen war ich ja nicht nur unter meinem eigenen Namen bekannt, sondern auch bei den Fortgeschrittenen angekommen. Meine Schwester gab samstagmorgens die Lektionen, natürlich freiwillig, unentgeltlich und sozusagen im Ehrenamt. Die nachfolgende 10.00-Uhr-Stunde musste wieder von den Angestellten oder eben von erfahrenen Reitern abgehalten werden. Nahezu wöchentlich konnte es passieren, dass dabei jemand zum ersten Mal auf dem Pferd saß und man wie in einer Lernförderklasse den Stoff vom Urschleim an wiederholen musste. Dies nervte manch ambitionierte Reitlehrerin nicht wenig und so blieb diese Reitstunde ein notwendiges Übel, um Futter für die Pferde zu verdienen. Man ließ sich auch Zeit, mit der Lektion anzufangen, und so halfen wir Fortgeschrittenen oft, die Anfänger aufs Pferd zu setzen, gaben kleine Tipps und ließen sie anschließend im Schritt loslaufen. Als frisch ausgebildeter Grundschullehrer mit unverbrauchter Motivation übernahm ich gern diese Funktion des „Kommandogebers“ und man ließ mich gewähren. Weil es mir ja stets schwergefallen war, Dinge zu lernen, erklärte ich nun gern und viel und vor allem immer wieder. Dabei achtete ich vor allem darauf, dass der Spaß nicht zu kurz kam.

Die früher in Leutzsch ausgeprägte Reiterhofmentalität, welche sich in der Bemerkung, dass es außer dem Reiten andere schöne Hobbys gäbe, kannte ich aus eigener Erfahrung. So ging ich davon aus, dass wirklich jeder, der nun auf einem Pferd saß, mindestens über genauso schlechte Voraussetzungen wie ich verfügen würde und folglich nur dazulernen konnte. Ich merkte nie, wie die Zeit verging, da die Reiter meiner Gruppe ohnehin warteten, bis wir anschließend in die Gartenkneipe zogen. Ich hatte Publikum an der Bande, zu dem sich oft die eigentliche Reitlehrerin gesellte und anfänglich auch meine Schwester.

Binnen weniger Wochen wurde mein Anteil am Unterricht immer größer, was den Hofbetreiber freute, denn es kamen zunehmend die gleichen Reiter und bildeten eine stabile Reitgruppe. Meine Schwester sagte nach einigen Wochen: „So, nun stellen wir dir in die Mitte der Halle eine Tafel, dann wird es noch anschaulicher."

Da es ungleich länger dauerte, bis man die Gangart Galopp zu vermitteln hatte, tobte ich mich bei Schritt und Trab sowie den Bahnfiguren so richtig aus. Meine Reitschüler wurden tatsächlich besser und erste Stimmen von Freunden meiner Gruppe wurden laut, die mir dringlich rieten, nun doch mal ein Reitlehrbuch zu lesen, um der Praxis auch einen theoretischen Unterbau zu geben. Ich nahm es wohlwollend zur Kenntnis, blieb aber weiter ein Autodidakt.

Ich kann mich nicht erinnern, ab wann ich die Samstagsstunde fest übernommen hatte. Es muss wohl im Winter gewesen sein. Ich hielt mich also konstant über mehrere Monate und irgendwie erfuhren zwischenzeitlich meine Reitschüler von meinem Geburtstag im Mai. Es gab Geschenke von ihnen und von meiner Schwester. Darunter zwei Fachbücher zu Theorie und Praxis des Reitunterrichts sowie ein Handtuch mit Pferdeabbildung, welches mich auf fast allen folgenden Urlaubsreisen begleitete. Inzwischen ist es ganz dünn und die Farben sind von den vielen Drehungen in der Waschmaschine ziemlich verblichen. Aber es bedeutet mir noch immer sehr viel.

Der Sommer ist ja auch die Ausreitsaison in Leutzsch und während die Fortgeschrittenen stets aus dem Gelände kamen, plagte ich meine Anfänger in der Halle und auf dem Reitplatz. Schließlich durfte ich auch Ausritte mit ihnen durchführen. Es war so etwas wie der Ritterschlag. Ich hatte es geschafft, weil aber auch noch niemand darüber nachdachte, welche Rolle Trainerschein & Co hinsichtlich des Versicherungsschutzes haben. Mein Selbstbewusstsein wuchs und weil wir inzwischen in allen Gangarten zurechtkamen, kopierte ich unsere Geländestunde in abgeschwächter Form und variierte die Wege. Schließlich kannte ich mich bestens aus. Natürlich gab es auch Pannen und selbst als stolzer Reitlehrer purzelte ich vom Pferd. Die große Eisenbahnbrücke lag hinter uns und wir bogen in einen geschlängelten Reitweg. Mein sehr zuverlässiger Wallach, Grimbart, musste wohl in dem Moment gestolpert sein, als ich mich nach dem Rest der Abteilung umschaute, ob auch alle die Brücke sicher passiert hatten. „Schwupps" fiel ich nach rechts vorn und landete fast auf meinen Füßen, die Zügel noch in der Hand haltend. So schnell, wie ich wieder im Sattel saß, hatten meinen Abgang nicht mal alle Reiter sehen können. Vielleicht war dies meine sportlichste Leistung, wo sich doch das mangelhafte selbstständige Aufsteigen als krasse Schwäche durch meine reiterliche Karriere zieht. Der Rest der Stunde war Routine, so wie andere, die danach folgten.

Im Spätsommer hatte ich mal zwei neue Reiter dabei, die glaubhaft versicherten, dass sie über reichlich Erfahrung aus diversen Urlauben verfügen würden. Auf der mit kleinen Sprüngen versehenen Strecke zu den „geteilten Wiesen“, wie wir sie nannten, fiel mir eine der Schülerinnen vom Pferd und wurde leicht hysterisch. Passiert war glücklicherweise nichts, sie konnte weiterreiten, hatte allerdings Angst. Wir ritten zurück und ich bin mir nicht sicher, ob sie sich damals über mich beschwert hat oder nicht. Mein Ruf als Reitlehrer hatte einen Knacks bekommen.

Mit dem Erscheinen einer neuen Reitlehrerin und ihrer stets alles besserwisserischen Freundin endete meine Karriere nach rund zehn Monaten schneller, als sie begonnen hatte. Ich hörte die Worte: „Der kann selbst ja nicht mal reiten und will Unterricht geben?“

Heute glaube ich, dass über kurz oder lang meine Episode als Aushilfsreitlehrer ohnehin zu Ende gewesen wäre, weil das Versicherungsrisiko einfach zu groß war, jemanden wie mich damit zu beauftragen. Was aus meinen Reitschülern geworden ist, weiß ich nicht mehr so genau. Eine blieb Leutzsch treu und hörte erst auf, nachdem sie einen festen Freund gefunden hatte. Immerhin mit dem Status, ebenfalls „fortgeschritten“ zu sein. Von einer zweiten weiß ich, dass sie nicht nur den Stall wechselte, sondern sogar erfolgreich bei Turnieren startete. Das ist zwar nicht mein Verdienst gewesen, aber einige Basiskenntnisse und die Freude am Sport hat sie sicher in den Monaten meines Unterrichts bekommen. Einen Dank seitens des Hofbetreibers habe ich nie erfahren. Aber das war mir auch nicht wichtig.

Manchmal erinnert man sich, dass man in Notzeiten den Hilfsreitlehrer für einige Minuten des Unterrichts einsetzen kann. Oder man fragt mich sogar, ob ich nicht ein Reitlehrer bin. Dann antworte ich stets: „Ich kann Tipps geben, aber bitte nur auf eigene Gefahr ausprobieren, denn ein Reitfachbuch habe ich bis heute nicht gelesen. Ich unterrichte nur nach Gefühl und dem, was ich selbst erfahren habe und für richtig halte."

Dabei ertappe ich mich, dass ich stets bereit wäre, diesen Job erneut ehrenamtlich zu übernehmen, falls man mich je fragen würde. Reitschüler wollen lernen und sind oft überaus dankbar. Gleichzeitig vermitteln sie mir die Illusion, dass Zeit eben doch relativ ist, denn es fühlt sich an, als hätte ich nie damit aufgehört, heimlicher Trainer ohne Lizenz zu sein.

Lektion: „Bist du schon einmal gesprungen?“

Wenn ich Coba gesattelt zum Reitplatz bringe, weiß ich vorher fast nie, was mich so alles erwartet. Meine Trainerin hat noch ein wenig zu tun, sodass ich die ersten Runden im Schritt allein absolviere. Stets benötige ich etwas Zeit, bevor sich die erlernten Kleinigkeiten in Kombination zur Anwendung bringen lassen. Neulich erlebte ich, wie bei korrekter Handhaltung die Paraden beim Pferd direkt ankommen. Dass beispielsweise die Gerte bewusst über den Oberschenkel gelegt automatisch die Handhaltung korrigiert ist so eine kleine Hilfe, die man an sich als Reiter leicht selbst erkennt. Heidi braucht mir nur „Hände“ und „Gerte“ zuzurufen und ich weiß sofort, dass da etwas nicht stimmt.

Inzwischen wird es auf dem großen Sandplatz immer wärmer, nicht nur weil die Gangart von Schritt in Trab gewechselt wurde, sondern auch weil die Sonne an diesem Junimorgen wolkenfrei auf das Übungsgelände strahlt. „Wir machen gleich Galopp. Reite doch schon mal einen Zirkel auf der rechten Hand und galoppiere dann zur geschlossenen Seite hin an.“

Nachdem dies fast auf den Punkt funktioniert, darf ich einige Runden in diesem Tempo sitzen und die Übung auf der linken Hand wiederholen. Heute läuft es super und ich kann mir nicht erklären, warum es manchmal so kompliziert ist. Heidi ist ebenso überrascht, dass sie mich fragt: „Bist du schon einmal gesprungen?“

Ich umgehe die direkte Antwort, indem ich ihr wahrheitsgemäß sage, dass es sowohl im Reiturlaub vorgekommen sei als auch bei einer viele Jahre zurückliegenden Jagd in

Leutzsch oder bei kleineren Geländehindernissen. Das Pferd habe mich „mitgenommen“ und ich hatte mich bemüht, es dabei nicht zu stören. Ich hätte wahrscheinlich auch sagen können, „noch nie“, was ihren Entschluss, dies heute zu probieren nur gefestigt hätte. Schon baut sie ein kleines Stangenkreuz auf und legt eine weitere Stange vor das Hindernis, damit das Pferd den Absprungpunkt selbst besser abschätzen kann. Ich solle die Hände am Körper behalten, nur leicht mit dem Körper nach vorn mitgehen und nicht zu früh angaloppieren. Und dann geht es auch schon los. Mein Pferd scheint zu wissen, was da kommt, und obwohl wir uns noch im Trab befinden, weil die Galopphilfe meinerseits zu spät erfolgt, wechselt Coba direkt über dem Hindernis in Galopp und macht einen gut auszusitzenden Hüpfer. Heidi lacht und meint: „Das muss ich dir etwas höher bauen, sonst nimmt dein Pferd das nicht ernst.“

Es bleibt mir lediglich die Zeit, mich auf den nächsten Anlauf vorzubereiten und schon beim dritten Versuch ist meine Trainerin echt begeistert. Ich selbst kann gar nicht glauben, dass wir heute solche Übungen machen, wo doch die letzten Wochen vom Erlernen der Grundlagen geprägt waren. Dann erfolgt die Übung nach einem Handwechsel, wobei ich stets etwas zu spät reagiere. Dennoch ist meine Trainerin überzeugt davon, dass sich das noch steigern lässt. Sie baut ein zweites Hindernis auf und beschreibt mir die Abfolge: „Erst über den soeben erprobten Sprung, dann durch die ganze Bahn wechseln und über das zweite Hindernis zurück.“

Mein erster Durchlauf fällt etwas holprig aus, da die Absprungstange des zweiten Hüpfers nicht ganz passend liegt.

Coba korrigiert jedoch von allein und scheint richtig motiviert zu sein. Und schon beim zweiten Anlauf passt es fast genau. Weder falle ich aus dem Galopp noch zögere ich zu lange und der Erfolg stellt sich ein. Heidi meint: „Hättest du dir das vor ein paar Wochen vorstellen können? Wie ich dir schon sagte, der Galopp kommt von allein, wenn du die Grundregeln richtig befolgst. Das war heute eine richtig tolle Stunde. Das werden wir jetzt einmal im Monat machen."

Glücklich und verschwitzt steige ich nach dem Abtraben des Pferdes ab. Vertrauen ins Pferd und in diese Reitlehrerin zu haben, macht sich bezahlt und es fühlt sich verdammt gut an, weil ich meine eigenen Grenzen überwinden konnte. Daheim brauche ich nichts über meine heutige Lektion zu erzählen. Susanne sieht es mir an und sagt: „Ihr seid gesprungen. Oder? Euch kann man nicht allein lassen! Geh mal unter die Dusche und wasch dir ein wenig Adrenalin ab, sonst kannst du heute Abend nicht einschlafen."

Island: Tölt für Fortgeschrittene

Mein Arbeitszimmer schmückt seit August 2013 eine mit Ranken und verschlungener Tiersymbolik verzierte Urkunde in der mir die Bezeichnung *Heidursvikingur Nr. 55100* verliehen wurde. Ich darf mich frei übersetzt als „Wikinger ehrenhalber“ bezeichnen. Die dafür notwendige Prüfung, bestehend aus den Disziplinen trinken & singen und dabei männlich wirken, absolvierte ich während eines recht kurzen Urlaubs in Island, der feuergeborenen Heimat gleichnamiger Pferde. Sprechen Sie niemals von Ponys, wenn Sie sich ernsthaft über Islandpferde unterhalten wollen! Schließlich reden wir hier über eine der ältesten unverändert gezüchteten Pferderassen der Welt, welche die schlagkräftigen Wikinger im frühen Mittelalter zum Schrecken an Europas Küsten werden ließen. Selbst Odin, der nordische Göttervater, besaß mit Sleipnir, seinem achtbeinigen Hengst, einen Vertreter dieser legendären Pferde. Und da sich niemand von uns Odin als etwas kurz geratenen Menschen von filigraner Statur vorzustellen vermag, muss es so sein, wie immer behauptet wird: Das Islandpferd trägt noch immer einen ausgewachsenen Europäer, der sich im Sattel halten kann. Ich schlage vor, dass die Aufnahmeprüfung zum Ehrenwikinger um die Disziplin des Reitens erweitert wird, denn es ist nicht nur ein unvergessliches Erlebnis, sondern bei entsprechenden Witterungsverhältnissen auch ein anspruchsvolles und sportliches Vergnügen.

Den Abreisetag unserer Pauschalreise, welche uns in nur wenigen Tagen einen kleinen aber überaus nachhaltigen Eindruck dieser einzigartigen Insel vermitteln konnte, hatten wir zur freien Verfügung. Schon vor Antritt der Reise hatte uns eine Bekannte aus Deutschland empfohlen, ein Halbtags-Reitangebot für Touristen auf Island nicht zu verpassen.

Die Reisetaschen bereits gepackt und in der Rezeption zwischengelagert, warteten wir auf den Transfer zum Reiterhof in der Lobby unseres Hotels in Reykjavik. Extra Reitschuhe mitzunehmen schien uns für einen kurzen Ausritt übertrieben viel Gepäck. Stattdessen trugen wir unsere mit dicker Profilsohle versehenen Wanderschuhe an den Füßen, hatten aber immerhin Reithosen an und im Gepäck fanden sich Regenjacken, welche auf Island ohnehin unverzichtbar sind. Nur hatte es in den letzten Tagen gar keinen Niederschlag gegeben. Der kam ausgerechnet jetzt, am letzten Urlaubs- und einzigen Reittag.

Alle Personen, die sich im Kleinbus befanden, welcher uns zum Stall transportierte, blickten durch die Frontscheibe und beobachteten das kontinuierliche Auf und Ab der Scheibenwischer. Bleigrauer Himmel und wie in Gardinen daran befestigte Regenschauer zeichneten ein düsteres Bild der ohnehin kargen und rauen Landschaft. Dann erreichten wir das großzügige Areal von „Eldhestar“, dem auf Reittourismus spezialisierten Stall in der Nähe der isländischen Hauptstadt. Wir stiegen aus und gingen erstmal ins Trockene, wo wir von in orange gekleideten Reitmädchen in Empfang genommen wurden. Es erfolgte sogleich die Abfrage, ob man „Anfänger“ oder „Fortgeschrittener“ gebucht habe, und man bekam einen Guide zugeteilt. Steina war eine hübsche blonde Isländerin, die gänzlich meinen Vorstellungen von typischen Nachkommen einstiger Wikinger entsprach. Sie begrüßte uns freundlich auf Englisch und teilte Susanne und mir die Pferde zu, aber erst nachdem wir, der Optik deutscher Müllmänner nicht unähnlich, wasserfest eingekleidet waren. So ausstaffiert glichen selbst unsere Bewegungen mehr dem des bekannten „Michelin-Männchens“, welches so gar keine Ähnlichkeit zu kriegerischen Wikingern ausstrahlt.

Man kann von Islandpferden begeistert sein oder auch nicht, sie besitzen aber mitunter sehr schöne Fellfarben, wie man sie bei anderen Pferderassen vergebens sucht. Susanne bekam so ein Prachtexemplar zugeteilt. Die Stute zeichnete sich durch ein dunkles Braun wie Bitterschokolade aus und war als Kontrast von einer hellen Mähne wie ein Haflinger eingerahmt. Mir wurde ein stämmiger dunkelbrauner Wallach mit der treffenden deutschen Bezeichnung „Langbein“ zugeteilt. Dieser hatte wohl „Endmaß“, sodass mir die Vorstellung leichtfiel, mich wirklich auf einem richtigen Pferd sitzend fortzubewegen.

Auf den ersten Tölt mussten wir nicht lange warten, denn Steina wollte uns unbedingt demonstrieren, wie fantastisch diese Gangart im Gelände ist. Und tatsächlich wurden unsere Erwartungen noch übertroffen. Hatten wir drei Tage zuvor bei einer kurzen Vorführung dieser Pferde auf einem isländischen Landwirtschaftsbetrieb erleben dürfen, wie man Biergläser erschütterungsfrei im Tölt halten kann, stimmte diese Beobachtung mit der Realität nahezu überein. Wir waren begeistert und kümmerten uns weniger um den Regen, sondern schauten nach den Austernfischern, welche wir am Wegesrand erblickten. Unser Reitweg führte durch flaches Gelände in die Nähe einer Lagune, die als Vogelschutzgebiet recht ursprünglich belassen war und einen reizvollen Anblick bot. Der Untergrund änderte sich und wurde schlammig, was für Isländer offenbar ein normaler Zustand ist. „Langbein“ rutschte weg und sackte auf der Vorderhand förmlich auf die Knie. Aber ich konnte mich im Sattel halten. Kurze Zeit später hörte ich einen erschreckten Ruf in meinem Rücken und blickte mich um. Der in orange gekleidete Körper meiner Frau lag bis auf ein Bein fast gänzlich im Schlamm, während ihr Fuß noch im Steigbügel des Pferdes steckte. Zum Glück war die Stute stehen geblieben und meine Frau bemühte sich, die profilierte Sohle der Wanderschuhe aus dem Metall des Bügels zu lösen. Es gelang nicht und Steina eilte zu ihr, um sie aus der misslichen Lage zu befreien. Susannes Pferdchen war ebenfalls beim Tölt im Schlamm gestrauchelt, doch hatte sie sich in diesem unerwarteten Moment nicht halten können.

Glücklicherweise konnten wir weiterreiten, verzichteten aber bei rutschigem Untergrund auf die Paradedisziplin der Islandpferde und sparten uns den Tölt für sichere Strecken auf. Immerhin klarte das Wetter etwas auf, ein gelblich schimmernder Horizont weitete die Landschaft und gab den Blick auf die vom Vulkanismus geprägte Silhouette entfernt liegender Berge frei. Am Wasser standen zahlreiche schnepfenartige Watvögel und beim Rückweg querten wir kleine Fließgewässer auf unseren robusten Reittieren. Inzwischen hatten sich alle vom Schreck erholt und so gab es nochmals Tölt, welcher sogar etwas mehr Tempo bot als auf dem Hinweg.

Nur zweieinhalb Stunden saßen wir im Sattel dieser Pferde und unser Urteil darüber fiel unterschiedlich aus. Susanne begeisterte sich noch immer nicht für „Kurzhalspferde“, wie sie sich ausdrückte, was keinesfalls von dem blauvioletten Erinnerungsfleck an ihrer Hüfte herrühren mochte, sondern gern von ihr mit der Tatsache begründet wird, dass die grundsätzlichen Proportionen zwischen Größe des Reiters und des Pferdes auch passen sollten. Meine Meinung zum Islandpferd fällt hingegen etwas schwärmerischer aus. Ein Tier mit Endmaß und gut ausgebildetem Gangwerk, so wie ich es in der Heimat dieser Pferderasse erleben durfte, könnte mir schon gefallen. Als „Wikinger ehrenhalber" mit der Nr. 55100 bin ich ohnehin zur Loyalität gegenüber diesen einzigartigen Pferden verpflichtet.

Lektion: Sitzschulung

„Selbst geübte Reiter absolvieren von Zeit zu Zeit eine Sitzschulung“, eröffnete Heidi die Reitstunde. Coba wurde nach der Erwärmung im Schritt an die Longe genommen, außerdem Ausbinder angebracht. Danach hieß es für mich, den Rücken gerade zu machen und dennoch entspannt im Sattel zu sitzen. „Wenn es dich anstrengt, dann sitzt du zu verkrampft!“

Nun begannen die eigentlichen Übungen, die mit dem Loslassen der Zügel begannen. Ich sollte die Schultern kreisen, eine Mühle mit gegenläufigen Bewegungen der Arme vollziehen und schließlich mit geschlossenen Augen reiten. Auch das Anhalten des Pferdes ohne Zügel war Teil der ersten Übungen. Danach begann der Trab, wobei ich die Hände auf den Oberschenkeln ablegen sollte. Heidi steigerte das Anforderungsniveau, indem sie mich dazu anhielt, auch dabei die Augen zu schließen. Ich kann mich zwar daran erinnern, dass ich bei einem Tagesritt nach durchzechter Nacht mal so viel Restalkohol in mir hatte, dass mir vor Müdigkeit die Augen zufielen, aber dies bewusst zu tun und keine Zügel zu haben, fühlte sich ungewohnt an.

„Jetzt trab mal mit geschlossenen Augen an und sag mir, ob du auf dem richtigen Fuß bist!“

Bei drei von vier Versuchen lag ich richtig. Ein kleines Glücksgefühl durchströmte mich. Wir wechselten die Hand und wiederholten dies mit ähnlichem Erfolg. Der Trab klappte zufriedenstellend und Heidi begann mit dem eigentlichen Ziel, meinen Sitz im Galopp zu verbessern. Leider habe ich die dumme Angewohnheit, nach dem ersten Galoppsprung regelrecht zusammenzufallen und noch die Hacken hochzuziehen. Am liebsten hätte ich es gleich richtig gemacht, als wir vom Trab in den Galopp wechselten. Doch ich präsentierte nahezu alle eingeschlichenen Fehler, außer der Tatsache, dass ich mich im Sattel halten konnte. Als ich auf die Steigbügel verzichten musste und die Gerte am Rücken durch meine Armbeugen geführt wurde, durchfluteten mich mehrere Gedanken gleichzeitig. Mit geschlossenen Augen konnte dieser Effekt noch gesteigert werden. Dabei hielt sich die Angst vom Pferd zu fallen erstaunlich in Grenzen. Heidi beobachtete mich und fragte schließlich: „Kann es sein, dass du nicht weißt, wann du beim Galopp treiben musst?“

Zu meiner Schande musste ich dies eingestehen und ergänzte mehr als Rechtfertigung die berühmte Filmsequenz aus Ostwind: *Bevor ein Mensch auf ein Pferd steigt, braucht er drei Dinge: 1. Balance, 2. Rhythmus, 3. Koordination,* um meiner Reitlehrerein klar zu machen, dass ich eher einer Hummel gleiche, die rein physikalisch betrachtet auch nicht flugfähig sein kann. Heidis Kommentar kam sofort: „Du willst mir nicht ernsthaft erklären, dass du deine Reitfähigkeiten an diesem Teeniefilm misst und das so glaubst?“

„Nun ja, ich denke schon“, gab ich zur Antwort und ergänzte: „Da muss wohl etwas dran sein, wie auch an der Sache, dass ich dies alles nicht gut beherrsche.“

Danach kam minutenlang kein vernünftiger Dialog zwischen uns zustande, denn Heidi bekam sich vor lachen fast nicht mehr ein. Wir setzten die Übungen im Angaloppieren mäßig erfolgreich fort und damit erfüllte ich wenigstens eines, was als Nachsatz in der Ostwindsequenz gesprochen wird: *...und viertens! ... Ihr habt drei gesagt; Viertens: Ausdauer.*

Unsere Sitzschulung endete mit der Ankündigung, dies in regelmäßigen Abständen zu wiederholen. Vermutlich lassen sich so Balance, Rhythmus und Koordination bei allen Reitschülern verbessern. Ich zumindest glaube fest an die Reitweisheiten aus *Ostwind*.

„Schön-Wetter-Reiter“

Gibt es so etwas wie ein witterungsbedingtes oder jahreszeitlich beeinflusstes Motivationstief beim Reiten? Wie war das noch mal mit diesen speziellen Gleichungen in der Mathematik? Verhält sich etwa Winter zu Halle wie Sommer zu Gelände? Man stellt die Glieder einfach um und erzielt unter Beachtung der richtigen Proportionen die richtige Lösung. Von wegen, das Produkt der Innenglieder gleicht dem Produkt der Außenglieder, gemessen an dieser ganz konkreten Frage.

Ich zähle mich eher zu den sogenannten „Schön-Wetter-Reitern“, die sich gern passende Witterungsbedingungen aussuchen, bevor sie in den Sattel steigen. Doch seitdem ich meine Aufgaben als Reitbeteiligung bei Coba regelmäßig ausübe, hat ein gewisses Umdenken eingesetzt.

Wie leicht es doch ist, sich hinter allgemeinen Floskeln zu verstecken und glaubhafte Ausreden zu finden, warum man gerade heute nicht zum Pferd gehen kann. Hier einige jahreszeitlich bedingte und auf fundierte Selbsterfahrungen rückführbare Gründe, um mich für unbestimmte Dauer vor gleich mehreren Reitstunden zu drücken:

- Im Frühling bekommt mein Pferd Frühlingsgefühle und bockt so oft herum.
- Der Sommer ist furchtbar, weil man gar nicht so viel Spray auftragen kann, um die Insekten abzuhalten, welche die Pferde und mich erst recht verrückt machen.
- Im späten Herbst fehlt dem Pferd die Koppel, da ist es nicht ausgelastet und hat einfach zu viel Energie.

- Im Winter wollen alle in die Reithalle und wenn da Pferde sind, die sich nicht mögen, reagiert meines unberechenbar.

Viel konkreter sind witterungsbedingte Ausreden, um nachvollziehbar zu erklären, wie ich mich tagaktuell aus der Affäre zu ziehen vermag. Zeigt im Winter das Thermometer unter minus fünf Grad Celsius an, friere ich schon in Gedanken so sehr an meinen Fingern, dass ich höchstwahrscheinlich nicht zum Reiten gehe. Oder klettern die Temperaturen im Sommer deutlich über dreißig Grad im Schatten, finde ich, dass es für unsere Pferde hier in Deutschland viel zu warm ist, um noch unter einem gewichtigen Reiter wie mir bewegt zu werden. Auch Dauerregen lädt zu einer Entschuldigung ein, da ich durch den grauen Himmel mit seiner dicken Wolkendecke depressiv gelaunt bin und ohnehin weiß, dass es nicht ins Gelände gehen wird oder gar die Aussicht bestehen könnte, ein nasses Pferd putzen zu müssen. Bei Sturm reagieren Pferde leicht schreckhaft. Falls sich das Wetter leider an die Spielregeln halten sollte und es keinen Vorwand bietet, bleiben mir immerhin noch dienstliche Verpflichtungen als letzten Strohhalm für den inneren Schweinehund.

Dies änderte sich schlagartig, als ich im Sommer 2019 eine recht einseitige Wette mit meiner Reitlehrerin einging. Sie beinhaltete eine Klausel, welche mich dazu verpflichtete, die Kosten für meine Privatreitstunden an meine Frau zu zahlen, falls ich wegen des Wetters oder der Jahreszeiten nicht zum Reitunterricht erschiene. Susanne würde dann man meiner statt den Unterricht bei Heidi absolvieren und darauf wollte ich es nun wirklich nicht ankommen lassen. Es wurde zu einer Frage der Ehre, denn vom Aussprechen dieser so leicht dahingesagten Worte bis zum gegenwärtigen Zeitpunkt musste ich noch keine „Wetter-Reitstunde“ meiner Frau finanzieren. Überaus günstige Faktoren halfen mir dabei und beeinflussten meinen Sinneswandel. Der letzte Winter zeigte sich äußerst gnädig und fand praktisch gar nicht erst statt. Gegen Insektenbefall stand stets genügend Spray für Tier und Mensch im Spind der Sattelkammer und an Regentagen kam mein vor Jahren gekaufter und bisher nie genutzter Regenmantel zum Einsatz. Es war also nicht nötig, dienstliche Verpflichtungen aus dem Hut zu zaubern.

Nur eine Tatsache sei hier nicht verschwiegen: Für viele Reiter können die Monate nach der Zeitumstellung im Herbst und vor Beginn der Koppelsaison im Frühjahr oft ein wenig ausgelastetes Pferd mit allen negativen Begleiterscheinungen nach sich ziehen. Die Ausgangsgleichung ist eben doch nicht so einfach zu lösen. Lassen wir die nun bekannten Ausreden weg, erhält man im Ergebnis dennoch eine Ungleichung. Winter in der Halle ist einfach anders als Frühling, Sommer und Herbst zusammen, wo einfach mehr Möglichkeiten bestehen, sich räumlich und zeitlich aus dem Weg zu gehen.

Lektion: An der Longe

„Ich glaube, dein Pferd nimmt dich nicht ernst“, ruft Heidi. Der Versuch, es allen immer Recht zu machen, scheitert schon im Ansatz, weil die Gesetze der Reiterei so gar nicht den Regeln menschlicher Kommunikation entsprechen. Mit einer Ausnahme, denn genaues Zuhören und das Beachten der Signale ist zwischen Tier und Mensch fast noch wichtiger. Heidi sitzt am Rand der Bande, während ich alle Hände voll zu tun habe. Es ist erst das dritte Mal, dass ich unter ihrer Aufsicht longiere.

Draußen weht ein so starker Wind, dass es in der Reithalle an allen Ecken und Enden knarzt und knackt. Meine Reitlehrerin wog die Unbilden des Wetters mit meinen reiterlichen Fähigkeiten ab und kam zu der Erkenntnis, dass es wohl besser wäre, heute vom Boden aus zu arbeiten. Zwar hatte ich mir die Grundregel gemerkt, dass Longe, und Peitsche ein Dreieck bilden und das Pferd sozusagen einrahmen, aber das nicht unbedeutende Detail, wie man die Schlingen der Longe so aufwickelt, dass man sich nicht versehentlich die Finger abquetscht, das war schon wieder in Vergessenheit geraten. Also hieß es noch einmal mit den Grundlagen zu beginnen, denn unter Anleitung den Arbeitsschutz zu vernachlässigen lässt Heidi nicht zu. Sie achtet darauf, dass ich korrekt gewickelt habe, und ich schicke Coba auf den Zirkel. Das sieht immer so einfach aus, wenn andere das machen. Mein Problem mit der Koordination besteht auch hier, denn die Peitsche soll je nach angestrebter Wirkungsweise mal in Augenhöhe des Pferdes sein oder unten an der Hinterhand, während man mit der anderen Hand Paraden gibt, als hätte man einen Zügel in der Hand.

„Der Schritt könnte aktiver sein. Du stehst zu weit vor der Schulter des Pferdes. Stell dich mal gerade hin. Mach dich groß.“

Die Korrekturen meiner Reitlehrerin passen stets haargenau und wenn ich es schaffe, diese zu befolgen, dann geht auch ein kleiner Ruck durchs Pferd und Coba nimmt Schwung auf. Nach mehreren Versuchen bekomme ich die Übergänge von Schritt zu Trab und von Trab zu Galopp gut hin. Das bringt mir sogar ein kleines Lob ein. Das „Gaspedal“ habe ich also gefunden, aber wie verdammt noch mal betätige ich die „Bremse“. Beim Galopp ist das weitaus einfacher, denn hier gilt es eher, nur das Tempo zu halten. In einen flotten Trab schaltet mein Pferd fast von allein zurück. Nur der Übergang in Schritt oder noch besser das Anhalten will einfach nicht gut funktionieren. Das muss ich unbedingt nochmals nachfragen.

Eine Bemerkung zum Schluss kann ich mir allerdings nicht sparen. Warum longiere ich nicht so gern und so oft? Nicht etwa, weil eine andere Trainerin gesagt hat: „Wo viel longiert wird, da wird wenig geritten.“ Nein, weil man hinterher immer so viel zusätzliche Arbeit hat. Ist das Pferd versorgt, sind die deutlich sichtbaren Zirkelspuren mit einer Harke manuell zu beseitigen. Man tauscht beim Longieren die körperliche Betätigung auf dem Pferd gegen die schweißtreibende harkende Bewegung ein, beides ist Sport, nur macht mir das Reiten viel mehr Spaß.

Polen: Beritt inklusive

Mehrfach reiste ich ins benachbarte Polen, wo ich hinsichtlich der gebuchten Reiturlaube stets Überraschungen erlebte. Im Sommer 2015 erprobten wir ein neues Angebot aus dem Katalog, welches Urlaub in einem Schloss und Ritte in der Nähe der pommerschen Ostseeküste versprach. Die Anreise zu solchen Pauschalreisen fällt ja meistens auf einem Samstag und wir legten auf den knapp fünfhundert Kilometern bis zu unserem Urlaubsort kleine touristische Zwischenstopps ein. Unser gemütliches Zimmer im liebevoll restaurierten Anwesen verhieß einen angenehmen Aufenthalt. Wenig später klopfte ein Mann, der sich uns als Marek vorstellte und uns zum Dinner bat. Jetzt mögen wir doch bitte essen kommen und anschließend reiten, man würde ja nie wissen, wie das Wetter am nächsten Tag werden würde.

Nach einer leckeren Suppe mit Kartoffeln und Pilzen servierte man uns Fleisch in Dillsoße und als Beilage ebenfalls Kartoffeln. Diese schmeckten so gut, dass ich unseren Schlossherrn danach fragte. Er erklärte uns, dass unser Eindruck stimme, denn schon zu Zeiten des Wilhelminischen Kaiserreichs ließ man sich die pommerschen Erdäpfel an den Hof schicken. Nebenbei erkannten wir auch, dass Herr Marek ein gebildeter Mann mit breit gefächerten Interessen war. Das Schloss, bis zum II. Weltkrieg von einer deutschen Adelsfamilie bewohnt, habe er selbst restauriert und es stimme ihn traurig, dass seine polnischen Landsleute ihr deutsches Erbe so lange haben verfallen lassen. Seiner Ansicht nach könne man zwar keine alten Landesgrenzen wiederherstellen, aber den vertriebenen

Familien auch nicht den Zugang zu ihren Wurzeln verweigern. Er kenne die Geschichte seines Schlosses und habe freundschaftliche Kontakte zu dessen Vorbesitzern aufgebaut.

Unser köstliches Mahl kaum verdaut und mit dem Alkohol eines Bieres im Kopf wechselten wir unsere Sachen und gingen mit Herrn Marek zum Stall des Gutshofes. Er war noch unsaniert und sah wie die Kulisse für einen Nachkriegsfilm aus. Zwei Pferde nannte Herr Marek sein Eigen und wir wunderten uns, wie wir am nächsten Tag mit ihm gemeinsam ausreiten sollten. Doch vorher sollten wir die braunen Wieloposki-Pferde, eine Stute und einen Wallach, probereiten. Dies geschah auf der holprigen Koppel, welche sich gleich neben dem Stall befand. Etwas unbeholfen sahen unsere ersten Runden aus, wobei wir die Pferde tauschten, denn die Stute wirkte alles andere als sicher. Es war Urlaub, wir noch immer zuversichtlich und so ließen wir uns darauf ein, mit Marek eine Runde ins Gelände zu laufen. Er begleitete uns zu Fuß und wir saßen auf den Rössern, die wir noch nicht einschätzen konnten. Bereits jetzt war zu merken, dass es regelrecht anspruchsvoll werden könnte. Die Tiere schienen den abendlichen Weg um die Koppeln zu kennen und zwar nur diesen. Wie mit einer Fernsteuerung versehen, bogen sie an einer Kreuzung nach links und liefen automatisch in die scheinbar mit unsichtbaren Pfeilen ausgelegte Richtung. Unsere Einflussnahme von oben zeigte keinerlei Wirkung.

Herr Marek wollte dann, dass wir antraben, was bedingt möglich war, aber angesichts der begrenzten Steuermöglichkeiten kaum Freude bereitete. Der Ruf von Kranichen und aufspringende Rehe boten wenigstens landschaftlich einen stimmungsvollen Ausgleich.

Mit einem widersprüchlichen Eindruck und etwas ungenauen Erwartungen legten wir uns herrschaftlich gebettet schlafen.

Der Sonntag brachte einen schönen Morgen mit einem liebevoll angerichteten Frühstück in dem vom Licht durchfluteten Speisesaal des Schlosses. Eine Portion Optimismus füllten wir gleich mit in unsere Teetassen und dann ging es wieder in Reitklamotten zum Stall. Wir putzten die Pferde selbst und schon beim Ausräumen der Hufe reagierten die Pferde unwillig. Das Satteln stellte sich als noch größere Schwierigkeit heraus, denn die Stute ging auf mich los und auch Herr Marek musste ihr ausweichen. Schließlich gelang es doch noch. Uns wurde ein extra angereister Reitguide vorgestellt. Dieser Mann mittleren Alters mit langgezogenem Schnauzbart entsprach in jeder Hinsicht einem polnischen „Pan", wie man ihn in Filmen und auf zahllosen Gemälden sehen kann. Sein schönes Pferd war bereits gesattelt und getrenst und zum Abmarsch bereit. Herr Marek wollte sich schon verabschieden und das verstand die Stute, denn den Hof zu verlassen, kam ihr nicht in den Sinn. So nahm er sie und mich ein Stück an die Hand und wir folgten dem Weg, welchen wir am Vorabend schon gegangen waren. Dann musste ich allein zurechtkommen und dies klappte gefühlte dreihundert Meter bis zur Weggabelung an den Koppeln. Mein Reittier blieb wie angewurzelt stehen und ließ sich keinen Meter in eine andere Richtung bewegen. Der Pole blickte ein wenig entnervt auf mich, den deutschen Touristen, und beobachtete die erfolglosen Versuche, vorwärts zu gehen, mit einer gehörigen Portion

Skepsis und leichtem Unverständnis. Dann hieß er mich absitzen und bot mir sein eigenes Pferd an. Mit tausendfach geübter Routine schwang er sich in den Sattel der Stute und erlebte, wie sie auch unter ihm keinen Schritt nach vorn ging. Das Selbstverständnis dieses stolzen polnischen Mannes, der meine Frau mit Handkuss begrüßt hatte und dem das implantierte Ehrgefühl an den Enden des Schnurrbartes bereits anzusehen war, war tief gekränkt. Er wollte sich hier und jetzt durchsetzen und griff logischerweise zur Gerte. Die Stute stieg, begann rückwärts zu laufen und buckelte ihn genau wieder bis an den Punkt, wo er bereits gestanden hatte. Das wiederum machte die beiden anderen Pferde nervös. Meines ging auch rückwärts, um der Stute auszuweichen in ein Feld, welches mit einer Umspannung in fünfzehn Zentimetern Höhe unsichtbar umgeben war. Der Draht klemmte sich zwischen einem Vorderhuf und dessen Eisen ein und um das störende Gefühl loszuwerden schreckte das Pferd weiter zurück. Warum ich in diesem Moment nicht gleich reagierte, lag wohl an der Situation selbst. Unser polnischer Führer blickte wohl in dem Moment zu seinem Pferd, als dieses panisch in Schieflage geriet und rückwärts zu stürzen drohte. Dabei riss die Trense von Mareks Stute und Susanne drehte auf ihren Wallach enge Kreise am Platz. Sie rief mir zu: „Scher dich runter und weg vom Pferd!“, als dieses bereits zu Boden ging. Im Fallen traf mich einer der Hufe meines Gastpferdes und dann stand ich neben dem armen Tier, welches ich zu beruhigen versuchte. Unser Guide war inzwischen bei mir und kümmerte sich um den Huf, welchen auch er nicht so schnell vom Draht befreien konnte. Blut lief an seinen Händen entlang. Das stammte zweifelsfrei vom leicht verletzten Tier, das sich glücklicherweise wieder erheben konnte und mit seinem Herrn zum Schlosshof zurücklief. Mareks Stute hatte den Heimweg allein angetreten und Susanne führte den Wallach.

Nachdem die Drahtreste endlich entfernt waren, entspann sich ein lautstarkes Wortgefecht zwischen dem Schlossherrn und unserem Reitguide, welches keiner Übersetzung bedurfte. Der kurze Ausflug endete damit, dass unser polnischer Pan auf uns zukam. Ohne auch nur ein böses Wort an uns zu richten, signalisierte er, dass wir doch bitte morgen zu ihm kommen sollen, denn er hätte Pferde, die man auch tatsächlich reiten kann. Nur Herr Marek war verärgert, weil man doch sein Pferd geschlagen hätte. So blieb uns diese Möglichkeit für den Reiturlaub verwehrt, denn dass wir nochmals auf die Pferde des Schlossbesitzers steigen würden, war mit diesem Erlebnis schier undenkbar.

Von einem anderen Gast erfuhren wir beim Mittagessen, dass Herr Marek nur Pferde hatte, weil seine älteste Tochter ihm eingeredet hatte, dies als touristischen Nebenerwerb anzubieten. Seines Wissens wären wir die ersten Gäste, welche diese beiden Pferde für Ausritte zur Verfügung gestellt bekämen. Nun, für den Beritt neuer Pferde, reicht unser beider Vorwissen nicht aus und wir lehnten dankend ab, als Marek uns doch noch überzeugen wollte, einen weiteren Versuch zu wagen. Im Gefühl, jetzt abreisen zu müssen ließ er sich allerdings eine Alternative einfallen.

Für die kommenden Tage brachte er uns auf einen touristisch genutzten Reiterhof mit braven Schulpferden und wir konnten ihm vor Ort in allen drei Gangarten beweisen, dass wir den Anforderungen eines Reiturlaubs durchaus gewachsen waren. Das im Katalog so verlockend klingende Reitprogramm wich zwei festgelegten Runden im Gelände, die wir einmal im und einmal gegen den Uhrzeigersinn absolvierten. Immerhin konnten wir noch reiten und die pommerschen Kartoffeln schmeckten uns trotz der Enttäuschung. Nach dem Urlaub schrieben wir an den Reiseveranstalter und es stellte sich heraus, dass Herr Marek nicht mehr die zuverlässigen Pferde hatte, als das Angebot vor Ort erprobt worden war. Es hätte Kritik polnischer Gäste gegeben, seine Pferde wären nicht spritzig genug, und so habe er neue gekauft. Man entschuldigte sich förmlich bei uns und bot uns fünfzig Euro Gutschrift auf die nächste Reiterreise an. Rückblickend bleibt das Engagement unseres Gastgebers bewundernswert. Mit Fleiß und Courage baute er ein altes deutsches Schloss auf, hörte auf seine Tochter und schaffte Pferde an, um den Gästen die Schönheit des Umlandes zu präsentieren. Dass er bei Pauschaltouristen nicht einfach auf Reiter treffen würde, die gleichzeitig den Beritt übernehmen könnten, kam in seinem Weltbild nicht vor.

Noch ein Jahr später stand das Angebot im Katalog mit einem Bild von uns beiden auf den Pferden des Schulbetriebs am Meer, welche bei einem kurzen Fotostopp entstanden waren. Im darauffolgenden Jahr war das Angebot von den bunten Katalogseiten verschwunden.

Lektion: Was tun, wenn die Reitlehrerin krank ist?

Nachdem ich während der letzten Monate eine gewisse Abhängigkeit von regelmäßigen Lektionen bei Heidi entwickelte, bekam meine plötzlich Reitlehrerin eine Erkältung. Tja, das kommt vor und so musste ich mir etwas einfallen lassen. Die Wintersaison in der Halle ist ohnehin eine recht nervige Zeit, weil es gefühlt eher stagniert und man in jeder Stunde mit ruckartigen Bewegungen des Pferdes rechnen muss. Der Anteil von Galopp reduzierte sich auf ein Mindestmaß und häufig war das Aussitzen eine Frage des Überlebens im Sattel. Es nutzte auch kaum, Coba vor dem Reiten zu longieren, die „Eckengeister" hockten überall und meine innere Unruhe verschwand erst, nachdem ich wieder abgestiegen war. Im Kampf gegen die Ängste und Unsicherheiten bewährte sich nur eine Methode: Der Aufbau von allerlei Gerätschaften wie Stangen und Hütchen. So groß unser Pferd auch ist, es erstaunt mich stets aufs Neue, wie gelenkig sie selbst enge Volten absolvieren kann. Anscheinend ist es ihr regelrecht unangenehm, Hindernisse umzuschubsen, auch wenn diese nur rund zwanzig Zentimeter hoch und ganz leicht sind. Stangen haben den Vorteil, dass die Hinterhand fast schon automatisch aktiviert wird, wenn Coba elegant darüber hinweg schwingt. Ich merkte sofort, als ihre Schritte federnd und raumgreifender wurden. Schade, dass dies keiner gesehen hat, dachte ich so bei mir. Die Möglichkeiten der Ablenkung lassen sich durch Musik aus dem Radio steigern. Damit verliert selbst der so schreckliche Zuschauerraum an Gefährlichkeit und auch ich selbst traue mir mehr zu. Neulich sagte ich zu Coba: „Hör mal, das ist ein schöner Titel. Danach lässt es sich prima leichttraben." Laut gesagt und sofort in die Tat umgesetzt funktionierte auch diese Strategie. Leider kann ich das Radio noch nicht vom Pferd aus anschalten. Dann muss ich den „Robinson-Modus" gehen und laute Dialoge mit Coba führen: „Schau mal, das Hütchen-Tor, da kommen wir ganz glatt durch!"

Nebenbei ertappte ich mich zwar, dass ich immer noch dachte, was wäre, wenn jetzt eine der beiden Stallkatzen in die Halle hüpfen würde oder die Waschbären am Gebälk kratzen? Diese Gedanken muss ich schnell beiseiteschieben, denn das Pferd ist ja so sensibel und tut doch alles für mich. Eigentlich könnte ich alles selbst entscheiden. Was macht es schon, wenn ich schlumprig antrabe, das Pferd auseinanderfällt oder über die Schulter wegläuft? Sieht doch in diesem Moment keiner, aber dann wird man schnell viel zu nachlässig gegenüber den Fehlern, die man versucht mühsam abzutrainieren. Unhörbar vernehme ich: „Was war denn das für eine Volte? Das sah richtig kacke aus! Kannst du gleich nochmal machen" und setze die Übung erneut an.

Wenn ich merke, dass die Dinge, welche sonst unter Anleitung funktionieren, bei mir nicht so gelingen, lasse ich sie lieber aus, weil sich Fehler so viel einfacher einprägen.

Nach einer guten Stunde, die ich auch einhalte, steige ich vom Pferd, sattle Coba noch in der Halle ab und räume die Hindernisse fort. Meistens steht unser Pferd wie angewurzelt auf der Stelle und dreht sich lediglich in die Richtung, in die ich mich gerade bewege. Kann sie nicht immer so entspannt sein, wenn ich auf ihr sitze?, denke ich.

Die Hufe auskratzen, Pferd in den Stall bringen, mit Futter versorgen und noch fix die stets volle Mistkarre rausfahren. Danach alles abschließen, im Stallbuch eintragen, was geübt wurde, abschließen und daran denken, nichts zu vergessen. Irgendwas war da noch? Sind Reithalle, Stall und Umkleide zu, hängt das Halfter noch am Putzplatz, ist die Gerte verstaut? Ein Blick auf das Smartphone verrät es. Anrufen, wenn man abgestiegen ist, damit sich Susanne keine Sorgen macht. Mist! Beim nächsten Mal melde ich mich sofort daheim, denn Coba steht ja die paar Sekunden auch noch ruhig herum.

Als die Haustiere größer wurden oder: Pferdekauf in einer Woche

Als ich meine Frau Susanne kennenlernte, wohnte sie mit Stabheuschrecken, einem Meerschwein, Degus und Chinchillas zusammen. Doch sie versicherte mir, dass sie sich schon immer einen Hund gewünscht hatte, nachdem die Degus ihr zeitlich begrenztes Leben gelebt hatten. Sie fand im Internet über eine Tierhilfsorganisation eine Border-Collie-Hündin aus einem italienischen Tierheim, welche schon viel mehr Zuwendung in der Freizeit als alle Nager und Insekten zusammen bekam. Leider starb unser erster Hund nach knapp drei Jahren an einem Nierenversagen kurz vor der Begleithundeprüfung. Die Entscheidung, wenig später einen Welpen an uns zu gewöhnen und ihn auszubilden, ist nun schon mehr als elf Jahre her. „Scully“ wurde geprüfte Begleithündin und sah einer sportlichen Agility-Karriere entgegen, die durch ein Rückenleiden (Cauda-Equina-Syndrom) unerwartet beendet wurde.

Ein zweiter Hund sollte dies nun schaffen und wieder suchte Susanne im Netz nach einem möglichen Spielgefährten für Scully. Zeitweise lebten tatsächlich zwei Hunde in unserem Haus, wobei unsere Wahrnehmung zum harmonischen Miteinander der Vierbeiner in der Sichtweise der Zweibeiner auseinanderging. Es endete mit einer verhängnisvollen Wahl, denn nicht alle würden bleiben. Vor die Alternative gestellt, dass entweder zwei Hunde oder ein Hund und ein Mann gemeinsam bleiben würden, entschied sich Susanne schweren Herzens gegen den Zweithund. Ob sie mir das je verziehen hat, weiß ich nicht zu sagen. Aber um zu verstehen, wie wir binnen kürzester Zeit Pferdebesitzer wurden, ist es wichtig zu wissen, wie hartnäckig meine Frau an spontan gefassten Entschlüssen festhält.

Es vergingen Jahre, in denen wir einfache Touristikreiter in Leutzsch blieben. Die Anzahl der Großpferde nahm systematisch ab und manchmal wurde es schwierig, dass alle Interessenten der Dienstagsgruppe ein passend dimensioniertes Pferd bekamen. Eines Tages verkaufte der Hofbesitzer ein Pferd an eine Freundin aus unserer Reitgruppe. Im gleichen Jahr bekam eine andere langjährige Mitreiterin das Angebot einer Reitbeteiligung und wir, die wir schon so lange da waren hatten uns weder das eine noch das andere zugetraut. Durch Zufall erfuhr ich von einem Pferd, das die Schwester einer Arbeitskollegin verkaufen wollte. Ich erzählte Susanne davon und wenig später gingen wir in Markkleeberg spazieren wo sich der Stall des angebotenen Pferdes befinden sollte. Es begannen erste Verhandlungen mit der Besitzerin des neunjährigen Wallachs aus polnischer Zucht und wenig später durften wir zu einem Proberitt aufsitzen. Dieser verlief ganz gut, wenngleich Susanne beim ersten Pferdkauf kein Risiko eingehen wollte. Eine Ankaufsuntersuchung und ein weiterer Termin sollten schon noch stattfinden. Dieser zweite Proberitt endete mit einem Abwurf Susannes, den ich nicht miterlebt hatte. Auf jeden Fall erlitt meine Frau deutlich sichtbare Prellungen, die sie jedoch keineswegs vom Kaufgedanken abbrachten.

Bekanntlich sind aller guten Dinge drei und zu dem erneuten Probereiten saß auch ich wieder im Sattel. Diesmal funktionierte es reibungslos und man wollte sich lediglich wegen der Ankaufsuntersuchung einigen. Also besiegelten wir praktisch den Kauf nach alter Sitte mit einem Handschlag und verabschiedeten uns vom Hof. Als wir danach mit dem Hund eine Runde am See spazieren wollten, sahen wir noch eine Familie mit zwei Kindern, die ebenfalls Interesse am Kauf dieses Pferdes hatten. Einmal eingeritten bekamen sie den Wallach vorgeführt und mich beschlich das seltsame Gefühl, dass der Verkauf auch ohne den letzten bürokratischen Schritt über die Bühne gehen könnte. Susanne verwarf meine Bedenken, schickte der Pferdebesitzerin noch eine Kurznachricht, deren Empfang sie registrierte. Am nächsten Tag kam die SMS, dass das Pferd bereits verkauft sei und sich alle nachfolgenden Termine damit erledigt hätten. Susanne fühlte sich „erledigt", denn inzwischen hatte sie alles organisiert: Stall, Transport und die letzte Untersuchung wären nur noch reine Formsache gewesen. Der Traum vom eigenen Pferd war geplatzt, wie eine schillernde Seifenblase. Ich sagte ihr: „Es hat doch alles seinen Sinn, dann reiten wir eben weiter, wie bisher auch."

Meine Worte verhallten in ihren Ohren, denn ihr Blick wanderte bereits fieberhaft durch diverse Internetportale auf der Suche nach einem passenden Reittier. Es war Oktober und von den zwei Wochen Ferien war nur die zweite für einen Urlaub an der Ostsee verplant. Es blieb Susanne also ziemlich genau eine Woche Zeit, um zu recherchieren, probezureiten und das Pferd schließlich zu kaufen. Ich stelle mir gerade vor, wie es wäre, wenn es bei der Wahl des Lebenspartners auch solch ein Zeitfenster, gäbe in dem man eine Entscheidung für Jahre treffen soll. Schon am gleichen Abend präsentierte mir Susanne die ersten Ergebnisse ihrer Suche. Darunter auch ein Angebot für ein hervorragend ausgebildetes und sehr preiswertes Pferd, welches aus Belgien käme. Die Besitzer hätten einen Job in einer Botschaft bekommen und müssten das Tier in liebe Hände abgeben, weil der neue Job nicht zum Freizeithobby passe. Hier nun stellt sich die Frage, ob uns der Zufall helfen oder ein Bein stellen wollte, denn so richtig zu glauben war das Schnäppchen-Angebot nicht. In der Not greift man nach jedem Strohhalm und Susanne rief eine auf der Internetseite angegebene Nummer an. Die Frau, welche ihr antwortete, sprach Deutsch mit starkem Akzent und es war wohl ein sehr merkwürdiges Gespräch, welches sich daraus entwickelte. Auf jeden Fall seien die Angaben zum Pferd zutreffend und wir bräuchten nur das Geld zu überweisen, dann käme unser Ross per Spedition direkt in den Stall. Ein Fünkchen Zweifel blieb und so setzte ich mich ebenfalls an den PC und fand den Hinweis auf die „Nigeria-Connection“, welche mit genau dieser Masche nicht vorhandene Pferde im Internet an ahnungslose Pferdekäufer vertreiben würde, nur dass die „Ware“ den niemals Käufer erreiche.

Nächster Tag, neue Telefonverhandlungen, die zu mehr Fragen als Antworten führten. Ich weiß nicht, ob Susanne überhaupt im Bett war, denn sie hatte tatsächlich das angebotene Pferd auf einer anderen Internetseite gefunden, wo es nicht zum Verkauf angeboten war, sondern als Werbung diente. Mit dieser Entdeckung konfrontiert, muss das zweite Telefonat mit der Verkäuferin eine Wendung genommen haben. Es erfolgte keine Transaktion für das Bilderbuchpferd aus dem Internet und uns blieb so die bittere Erfahrung erspart, Opfer einer Bande von gerissenen Betrügern zu werden.

Damit stand das Geld für den Kauf eines echten Pferdes zur Verfügung, aber das Zeitfenster für die Entscheidung war deutlich kleiner geworden. Inzwischen war es Dienstag und ich drückte mich auf meiner Arbeitsstelle herum, während Susanne mit einer Freundin in die Nähe von Eilenburg unterwegs war. Ein Landwirt hatte dort zwei Pferde stehen, wobei eines schon sechzehn Jahre alt war und seine Zeit im Wesentlichen auf einer Koppel verbrachte. Die Stute sah auf den ersten Blick nicht schlecht aus, aber so richtige Liebe auf den ersten Blick war es dann doch nicht. Es wurde ein zweites Pferd in Augenschein genommen, ein hübsches Tier, gut zugeritten, aber es „koppt“, was für solche Anfänger in Sachen Pferdehaltung auch nicht ganz einfach wäre.

So ging ein weiterer Tag ins Land und die Suchmaschinen des Internets liefen bei meiner Frau in der Nacht auf Hochtouren. Beim nächsten Termin konnte ich wieder dabei sein. Es ging nach Pomßen, wo wir ein Treffen mit den Besitzern des vierjährigen Wallachs „Quincy“ hatten. Es war ein schöner Schimmel mit dem kleinen Nachteil, einen enormen Wurf zu haben. Daher kam er für die sportlichen Ambitionen der Besitzerin nicht wirklich in Betracht. Ich ritt ihn in einer geräumigen Halle Probe und schaffte alle drei Gangarten. Der Unterschied zu unserem Stellplatz in Leutzsch war jedoch die enorme Größe der Halle und ein glatt gezogener Hallenboden. Für die Bedingungen bei uns und unsere reiterlichen Fähigkeiten kam auch er nicht in die engere Auswahl.

Am Freitag besuchte Susanne einen Hof in Sachsen-Anhalt mit einem imposanten Schecken, der zwischen mehreren Friesen in einer alten LPG- Halle gehalten wurde. Den sollte ich mir am Samstag unbedingt noch anschauen.

Der „Tag der Entscheidung“ nahte unaufhaltsam und um es noch ein wenig spannender zu machen, fand ich Freitagabend im Internet einen siebenjährigen Wallach, der in Bild und Video vorgestellt wurde und unseren preislichen Vorstellungen entsprach. Unterdessen hatte Susanne ebenfalls einen Anruf erhalten, dass eine vierjährige Stute, die an sich schon verkauft sein sollte, nun doch noch zu haben wäre und ob wir nicht kurzfristig vorbeischauen könnten. Sonst würde sie unbesehen für einen guten Preis nach Hamburg gehen. Beim Blättern durch die Internetseiten tauchte noch das Angebot einer weiteren Friesenstute auf und somit wurde der Terminkalender mit vier Besichtigungen in Sachsen-Anhalt gefüllt.

Wir mussten früh aufstehen, um den Wallach zu begutachten. Der Stall war ausgesprochen gut in Schuss und die Pferde sehr gepflegt. Man zeigte uns ein prächtiges Tier, das allerdings dreijährig war und auch mehr als das Doppelte kosten sollte. Interessenten gäbe es genug, sodass mit Verhandlungen kein nennenswerter Preisnachlass herauszuholen wäre. Es gäbe da noch eine ehemalige Zuchtstute, die wir bekommen könnten, und man würde sie uns vorher noch „zurechtreiten“. Das Tier war ansehnlich, entsprach aber nicht unseren Erwartungen und da man uns Bedenkzeit einräumte, konnten wir zum nächsten Termin fahren.

Es ging Richtung Bad Dürrenberg in einen kleinen und ebenfalls gepflegten Stall. Wir wurden freundlich begrüßt und dann sahen wir Coba Maya zum ersten Mal, eine prächtige Stute mit einer Vorgeschichte. Die Besitzerin hatte die Mutterstute von einem Hengst im Landgestüt Prussendorf decken lassen, der ihr nicht so wild vorkam, und zog dann das Fohlen im heimischen Stall auf. Es sollte ihr neues Reitpferd werden und dementsprechend bekam es vier Jahre lang viel Zuwendung und später auch eine reiterliche Grundausbildung. Durch einen schweren Reitunfall änderte die Besitzerin jedoch ihre künftigen Pläne und da die Tochter bereits mit einem eigenen Pferd versorgt war, suchte sie nach Käufern, die Coba Maya als Freizeitpferd halten wollten. Eine Karriere als Turnierpferd wünschte sie ausdrücklich nicht und außerdem war es ihr wichtig, die Leute persönlich kennenzulernen, die ihr Pferd kaufen würden. So erhielten wir die Gelegenheit, Coba aus dem Stall zu führen, gemeinsam zu putzen und probezureiten.

Der kleine sandige Reitplatz stand voller Pfützen, was jedoch kaum störte. Schritt und Trab funktionierten auf Anhieb und Galopp bekam ich mit einer kleinen Gertenhilfe auch hin. Als ich abstieg, sagte ich zu Susanne: „Das ist es!“ Offenbar erfüllten wir auch die Erwartungshaltung der Besitzerin und so wurden wir uns praktisch per Handschlag handelseinig. Wir sicherten eine sofortige Anzahlung von eintausend Euro zu, und glücklicherweise bekamen wir Coba Maya dann auch zum Wunschtermin nach dem Urlaub direkt nach Leutzsch gebracht.

Die restlichen zwei Termine des Tages ließen wir dennoch nicht entfallen. Zunächst besuchten wir den Schecken in seiner LPG-Halle, der sich mal wieder zwischen den Friesen versteckt hatte. Mein erster Eindruck war, dass wir über viel zu wenig Erfahrung verfügten, um ein so scheues Tier an uns zu gewöhnen. Vor gerade mal zwei Monaten hatte der Besitzer den knapp zehnjährigen Hengst „legen lassen“, was zu einem tiefen Vertrauensbruch geführt haben soll. Der vormals brave Hengst, sei nun „etwas scheu“, was aber bestimmt nur eine vorübergehende Erscheinung wäre. Ich muss meine Skepsis so offen gezeigt haben, dass der ältere Herr ebenfalls misstrauisch wurde und dann sogar in Beschimpfungen überging. Er meinte, wir hätten ja schon zugesagt, das Pferd zu kaufen und dann steigerte er sich in kleine Angriffe, sodass wir dem Anwesen schnell den Rücken kehrten. Susanne tat der schmucke Schecke natürlich ein wenig leid, aber sie sah ein, dass wir nicht erfahren genug waren, um solch ein Tier zu einem Freizeitpferd auszubilden.

Der letzte Besuch bei der Friesenstute verlief ähnlich seltsam. Natürlich wurden wir sehr höflich behandelt und man führte uns die Stute auch in einem Roundpen vor. Um dorthin zu gelangen, hatte ich sie am Führstrick. Ihre Energie merkte ich sofort und auch bei der Präsentation ihres Gangwerks schien alles sehr dynamisch. Wohl auch eher ein Pferd für Reiter mit deutlich mehr Erfahrung im Umgang mit jungen Pferden. Hier ließ man uns mit der möglichen Entscheidung Zeit, was wir für einen freundlichen Abgang vom Hof nutzten, um später telefonisch mitzuteilen, dass wir uns für ein anderes Pferd entschieden hätten.

Am Nachmittag waren wir aus dem benachbarten Sachsen-Anhalt mit einem Kaufversprechen zurück und Susanne überwies diesmal sofort die eintausend Euro Anzahlung für Coba Maya. Eingedenk der schmerzlichen Vorerfahrung mit mündlichen Zusagen versicherten wir uns bei der Besitzerin, dass alles Nötige veranlasst war, damit wir die Stute auch bekommen würden. Gleichzeitig informierten wir den Reiterhof Lukas, dass unser Pferd den freigehaltenen Stallplatz benötigen würde und Ende Oktober 2015 kam Coba schweißgebadet mit dem Pferdeanhänger in Leipzig an. Es flossen Tränen der Verabschiedung, aber auch der Freude bei allen Frauen. Ich nahm mir frisches Stroh und rubbelte Coba Maya trocken.

Es bleibt noch zu erwähnen, dass selbst der Zweithund im Jahr 2020 angeschafft wurde, ohne dass ich ausgezogen bin. Fragt sich nur, ob die nächsten Tiere dann wieder kleiner werden.

Lektion: Bescheidenheit

Seit mehr als einem Jahr nehme ich so regelmäßig Reitunterricht wie niemals zuvor. Ich erwarte ja nicht immer ein Lob, aber der Kommentar meiner Reitlehrerin, „das sieht immer noch so aus, als würdest du einen Lenker in der Hand halten“, verdirbt mir die Stimmung an diesem Sonntagnachmittag. Natürlich war ich aufgeregt, wie vor jeder meiner Stunden unter Anleitung, aber mit der fundamentalen Erkenntnis, dass klappernde Unterschenkel in einem mehr als dreißigjährigen Reifungsprozess nicht innerhalb einer einzelnen Reitstunde zur Ruhe kommen würden, hat sich in meinem Kopf eine Baustelle aufgetan. Die ist nicht binnen kurzer Frist zu vollenden. Blöd nur, wenn man sich selbst eingestehen muss, dass es sich nicht um eine kurzfristige Störung der eigenen Beinmechanik handelt, sondern eher um einen Automatismus, wie beispielsweise das Verbinden der Buchstaben beim Lesen.

Doch nun die Analyse der Reihe nach. Beim Antraben verlasse ich mich offenbar nicht nur auf den Gleichgewichtssinn. Ich spanne die Oberschenkel an, dass sie mehr Halt an den Sattelpauschen bieten. Heidi und ich kamen daher fast gleichzeitig auf die Idee, die Bügel überzuschlagen und es ohne die vermeintlichen Hilfen zu versuchen. Glaubte ich lange Beine zu machen, sagte sie: „Du klammerst und ziehst die Hacken hoch.“ Also alles auf Anfang. Mehrere Versuche scheiterten, sodass sie eine Longe holte und ich meine Füße zunächst völlig ohne Anspannung baumeln lassen sollte. Es war, als ob meine Unterschenkel nicht zu meinem Körper gehören. Sie lagen nicht am Pferdebauch und auch nicht dort, wo sie eben hingehören. Ich fühlte mich wie beim Zahnarzt, der ein kleines Loch findet und eine Wurzelbehandlung einleitet. Es war schlichtweg zum Verzweifeln. Die schön ausgedachte Übung mit dem Verkleinern des Zirkels von Galopp in Trab übergehend, konnten wir komplett vergessen. Ich stand mal wieder am Anfang, nein schlimmer: Ich stand einen Schritt davor.

Die Stunde ging mit dem Abtraben des Pferdes zu Ende und erst in den letzten Minuten entwickelte Coba den Schwung, den man benötigt, um sich mal nicht auf die Beinarbeit zu konzentrieren. Ich habe gelernt, dass man die Schuld nie beim Pferd, sondern zunächst bei sich selbst suchen muss. Vielleicht haben Coba und ich ein ähnliches Gefühl beim Absteigen gehabt. Sie hat mir heute keinen ihrer gefürchteten Hopser zugemutet, aber dafür wollte sie um jeden Trabschritt gebeten werden. Ich schnallte mir den Buslenker sinnbildlich unter den Arm, als ich mein Reittier zum Putzplatz führte und dort anband. Coba jedenfalls schien die Lektion schneller vergessen zu können, denn als ich mit der Futterschüssel aus der Sattelkammer kam, schnaubte sie so laut, dass sich alle auf dem Hof versammelten Leute anschauten und fragten: „Bekommt das arme Tier denn nie etwas zu fressen?“

Russland: Hochmut kommt vor dem Fall

Ist es nicht verlockend, in völlig abgelegenen Regionen zu reiten, die kaum von Menschen besucht werden, aber einst von legendären Reitervölkern bewohnt wurden? Das Siedlungsgebiet der Skythen erstreckte sich einst über die eurasischen Steppen zwischen den heutigen Ländern Russland, Mongolei, China und Kasachstan. Bemerkenswerte archäologische Funde förderten Wissenschaftler im grenzüberschreitenden Gebirge des Altai zutage. Die rätselhafte Eisprinzessin aus der Ebene von Ukok, welche mit zwölf Pferden beigesetzt wurde, ist fast so ein mumifizierter Superstar der Vorzeit wie Ötzi aus den Alpen. Auch soll sich im Altai der vom russischen Schriftsteller Jefremov beschriebene „See der Berggeister" befinden. Im Juni 1990 führte mich eine Reise mit Jugendtourist, dem Reisebüro der DDR- Jugendorganisation „FDJ", bis in die Nähe dieser Orte. Ihr vollmundiger Titel „Reiten und Wandern im Altai" hielt sich nur vage an das Motto und vor allem gab es keine Reitausflüge. Also fragte ich nach, war aber mit meinem Wunsch recht allein, weil die anderen der nur elfköpfigen Gruppe keine reiterlichen Ambitionen zeigten. Mir zuliebe stoppte der Reisebus einmal kurz an einer Straße und ich durfte mich auf eines jener typischen kleinen, aber zähen Pferde der Steppenvölker setzen. Ich schaffte es immerhin, das Tier im Aussitzen zu Schritt, Trab und zu einem Galoppsprung zu überreden und der Hirte, dem das Pferd gehörte, sagte nur: „Schön und gut, Jungchen. Du sitzt recht gerade da oben, aber auch viel zu steif. Was machst du, wenn du mal was aufheben musst?"

Von meinem englischen Reitstil hielt der wahrscheinlich zum Volksstamm der Oiroten gehörende Altaier offenbar nichts. Zehn Minuten auf einem Pferd zu sitzen, ergaben jedoch keine Geschichte, um über Reitabenteuer in einem fernen Land zu berichten.

Durch Zufall fand ich Jahre später im Bücherregal meiner Frau die Erzählung von Jefremov, der den sagenhaften Quecksilbersee im Altai in schillernden Farben beschreibt. Ich las sie ihr vor und erzählte dabei auch von meiner damaligen Suche nach dem darin beschriebenen Bild, welches sich angeblich im Museum der Stadt Barnaul befinden soll. Während der Reise vor fünfundzwanzig Jahren fragten wir uns bis ins Magazin der dortigen Kunstsammlungen durch und erblickten ein Gemälde mit dem gesuchten Titel, welches einen vielfarbigen See zeigte, der sich zu Fuße des Berges Belucha erstreckte. Nur passte die Darstellung der Naturerscheinung nicht zur Bildbeschreibung des Autors. Es fehlten schon allein die Felsen mit den charakteristischen zinnoberroten Flecken.

Dennoch war schon allein durch die Erzählung das Reisefieber bei uns beiden geweckt und nun hieß es nur noch einen Anbieter zu finden, der all unsere Wünsche bezahlbar realisieren würde. Tatsächlich bot eine russische Agentur eine solche Expeditionsreise zu Pferde durch das Land der Skythen an, welche die schillernden Bergseen des Altai zum Ziel hatte. Wir buchten rechtzeitig und beschäftigten uns monatelang mit den Vorbereitungen. Allein die Beschaffung von geeigneter Ausrüstung, um regensicher auch ohne Zelt in zweitausend Metern Höhe übernachten zu können, stellte eine kleine Schwierigkeit dar. Natürlich lasen wir Bücher und schauten Film über die Region. Am

Bildschirm verfolgten wir wie gebannt die spannende Reportage des Australiers Tim Cope, welcher reitend *Auf den Spuren der Nomaden* den Altai auf der mongolischen Seite des Gebirges streifte. Die Beantragung des Visums für die Republik Altai in Russland dauerte mehr als drei Stunden, aber dann war auch diese Hürde geschafft und die Zeit bis zur ersehnten Reise schrumpfte allmählich.

So verging der Winter des Jahres 2015/16, welcher erst nicht recht begonnen hatte, sich dann aber über den gesamten März mit Regen, Frost und Schnee für unsere Breiten arg in die Länge zog. Die ersten wärmenden Sonnenstrahlen nach tagelang trübem Himmel zeigten sich im darauffolgenden Monat. Die Reitstunden konnten von der Halle auf den Platz verlegt werden und gleich am späten Nachmittag des 2. April setzte ich mich motiviert aufs Pferd. Überhaupt hatten wir fleißiger als sonst trainiert, weil Susanne wegen einer langwierigen Krankheit oft aufs Reiten verzichten musste und ich die erste Phase hatte, in der ich regelmäßig auf dem Rücken unseres Pferdes saß. Es war noch verhältnismäßig kühl, so um die zehn Grad Celsius, und auf dem Reitplatz standen einige Pfützen. Um diese herumzureiten war kein Problem und so konnte ich bei den Übungen alles machen, was mir so einfiel. Susanne schaute zu und später kamen noch ein paar Freunde, die sich am Rande des Karrees aufhielten. Schritt, Trab, Galopp – es funktionierte alles zu meiner vollsten Zufriedenheit und ich bekam nicht genug, weil ich es genoss, so mühelos die Gangarten zu wechseln. Der Begriff „Übermut“ beschreibt am besten, was zu meinem Sturz führte. Ich wollte nur noch einen letzten Galopp machen, legte im Tempo an der langen Seite der Bahn zu und sah die Pfütze vor mir einen

Moment zu spät. Ich wollte schon zum Trab durchparieren und verlagerte mein Gewicht nach links, um eben nicht durch die Pfütze zu galoppieren, weil ich annahm, Coba würde mit mir das Wasserhindernis umgehen. Sie hatte jedoch kein Problem damit, nahm die Parade an und genau in der Übergangsphase vom Galopp zum Trab sprang sie ein klein wenig nach rechts. Ich sah, dass in diesem Moment kein Pferderücken unter mir war. Es war so grotesk wie im Zeichentrickfilm, wo eine Figur noch zwei Schritte im „Nichts" läuft, bevor sie unweigerlich in den Abgrund stürzt und sich glücklicherweise nie Verletzungen zuzieht. Die eigentliche Bewegung abwärts, welche ich beim Sturz nach links vollzog, ist mir bis heute unverständlich, denn ich landete mit dem rechten Fuß und es drehte mich sofort weg. Es knackte so laut, dass es Susanne in knapp zwanzig Metern Entfernung hören konnte. Der Schmerz umfing meinen Unterschenkel augenblicklich wie eine eiserne Kralle, kaum dass ich auf dem Boden lag. Und während ich noch dachte, dass mein rechtes Bein in diesem Moment irgendwie „stirbt", war Hilfe bei mir.

„Das Pferd kann nichts dafür", waren die ersten Worte, welche ich imstande war, von mir zu geben. Und tatsächlich war Coba nur knapp entfernt von mir stehen geblieben, blickte zu ihrem Reiter am Boden und tat nichts. Der Boden auf dem Reitplatz war kühl und ein Blick auf meinen im unnatürlichen Winkel abgespreizten Fuß genügte mir, um zu wissen, dass ich mich keinen Schritt würde wegbewegen können. Man brachte mir eine Decke und schaffte Coba in den Stall. Die bleierne Fußfessel pulsierte und ließ mich nicht zur Ruhe kommen.

Da es Samstagabend war, dauerte es eine Weile, ehe eine Sirene auf der Zufahrtstraße „Vierackerwiesen“ ertönte. Ich nahm noch zwei Männer vom Rettungsdienst wahr, die auf mich einredeten, und ich natürlich auch auf sie. Währenddessen hatten sie schon eine Flexüle in meinem Unterarm verankert und ein Mittel in den Blutkreislauf gespritzt. Von diesem Moment an fehlt ein Stück des sprichwörtlichen Films, der da gerade mit mir in der Hauptrolle ablief. Es heißt, sie haben meinen Fuß noch auf dem Reitplatz gerichtet und den Schmerzensschrei habe man bis in die Gaststätte des Reiterhofs hören können. Aber von all dem hat mein Bewusstsein nichts mehr so registriert, dass ich es hier wiedergeben kann.

Ich erwachte im Krankenhaus, als man mich nach meiner letzten Mahlzeit fragte. „Zwei Stück Streuselkuchen und eine Tasse Kaffee um 15.00 Uhr.“

„Super, dann können wir jetzt noch operieren. Wollen Sie eine Vollnarkose oder eine PDA?“

Ich erinnerte mich, dass letztere Art der Narkose mein Bewusstsein nicht völlig ausschalten würde, aber die schmerzstillenden Mittel viel länger wirksam wären. Also wählte ich völlig untypisch für meine sonstige Ängstlichkeit bewusst die PDA. Danach schlummerte ich wieder dahin und erwachte mit seltsamen Geräuschen im Ohr. Eine Stimme drang in mein Bewusstsein, die da sagte: „Wir sind gleich fertig.“ Es schabte und rumorte und mein Blick fiel auf einen leuchtend weißen Kreis in einer Apparatur. Dort erblickte ich Knochen in einem Röntgenbild, und wenig später zeigte sich auch ein Mensch mit Mundschutz und dunkelgeränderter rundlicher Brille. Dann dämmerte ich wieder weg. Man fuhr mich durch Gänge.

Bei Tageslicht erblickte ich mich auf dem Rücken liegend, das Bein in einer Art Schaumstoffschale positioniert. Es war also doch nicht gestorben. Doch wie stand es um die Reisepläne in den fernen Altai? Gleich bei der ersten Visite erzählte ich dem Arzt von unseren Plänen, reitend und wandernd ins Gebirge zu fahren und dann Tagesstrecken um die fünfundzwanzig Kilometer bei eintausend Metern Höhenunterschied zurücklegen zu wollen. Er wiegte bedächtig den Kopf hin und her und antwortete sehr diplomatisch: „Na, da schauen wir mal."

Am Nachmittag besuchte mich meine Frau und natürlich kamen wir auf die Reisepläne zu sprechen. Unter dem Einfluss von reichlich eingenommenen Schmerzmitteln sah ich tatsächlich noch Chancen, nicht stornieren zu müssen. Per Smartphone nahm ich auch Kontakt zum Reiseveranstalter auf und teilte mit, dass ich nach zwanzig Jahren erstmals vom Pferd gefallen sei und gerade nicht so gut laufen könne. Man riet mir, mich nochmals genau zu erkundigen. Die unvermeidliche Erkenntnis rückte in den folgenden Tagen immer deutlicher in mein Bewusstsein. Zu einer Expeditionsreise mit kaputtem Sprunggelenk durch unwegsames Gelände ohne medizinische Versorgung in der Nähe aufzubrechen, war ein schier aussichtsloses Unterfangen.

So blieben von den großartigen Plänen nur vom Schmerzmittel angeregte nebulöse Träume, in denen ich noch die typisch mongolischen Kleinpferde der Steppenvölker Asiens ritt. Die Bergwelt des Altai verlor sich in meiner Fantasie, während die Realität des Krankenhauses mit zahlreichen Untersuchungen allgegenwärtig war.

Zwischen Röntgenuntersuchungen und Verbandswechsel lernte ich in den nächsten Tagen durch die Krankengymnastik vorsichtig die ersten Schritte bis zum Tisch und der Toilette zurückzulegen. Beim Essen erhielt ich eine etwas bevorzugte Behandlung. Der Zufall wollte es, dass die Frau, welche sich um die Mahlzeiten kümmerte, eine Reiterin aus Leutzsch war, die ich zwar einige Jahre nicht gesehen hatte, mit der ich aber ein gemeinsames Gesprächsthema fand. Ich war nicht lange im Krankenhaus und als man mich gegen meinen ausdrücklichen Wunsch nach Hause entließ, wartete zwar beste Pflege auf mich, aber auch eine Treppe, die ich nicht steigen konnte, weil das Training im Krankenhaus auf geraden Stufen mit beidseitigen Handgriffen stattgefunden hatte.

Mehrere Monate bewältigte ich die Höhenunterschiede daheim, indem ich mich Tritt für Tritt auf dem Hintern sitzend und das verletzte Bein dabei nicht belastend mit den Händen nach oben stemmte oder nach unten abfederte. Während der Zeit meiner Behandlungen, Physiotherapie und starken Einschränkungen wegen einer nur mit zwanzig Kilogramm zu belastenden Schraube saß ich recht häufig auf dem Reiterhof herum. Denn seit dem 2. April war schlagartig der Frühling gekommen und es war schon frustrierend mitzuerleben, wie alles nach draußen drängte und ich an die Enge des Hauses gefesselt war. Ich schwor, dass es mir tausend Euro wert sein würde, wenn ich nur wieder reiten könnte.

Exakt nach elf Wochen saß ich das erste Mal nach dem Unfall wieder im Sattel auf Coba, während Susanne mich am Halfter im Schritt führte. Vorher hatte man die Stellschraube in einer weiteren Operation entfernt, wobei einige

Metallteile zunächst im Bein verblieben. Im August des gleichen Jahres sollte ich am Hofturnier in Leutzsch teilnehmen können. Aber das ist eine andere Geschichte. Da sich die verbliebenen Metallteile und mein Sprunggelenk scheinbar nicht so gut miteinander vertrugen und trotz Fortschritten in der Reiterei mein normales Gangbild immer schlechter wurde, verhalf mir eine Ärztin zu einem vorzeitigen OP-Termin, bereits Ende Oktober war es so weit. Das anschließende Röntgenbild wies keine künstlichen Teile auf. Ende gut – alles gut?

Dank einer privaten Unfallversicherung und eines Gutachtens bekam ich zwölf Prozent Einschränkungen auf mein Sprunggelenk angerechnet, was sich in barer Münze auszahlen sollte. Die finanziellen Mittel, welche ich für die Wiedererlangung meiner Reitfähigkeit ausgeben wollte, waren mehr als gesichert und wurden anschließend tatsächlich „zweckgebunden" für privaten Reitunterricht und Urlaub in Costa Rica eingesetzt. Und warum nicht im Altai, wird sich sicher mancher Leser fragen. Die von uns gebuchte Reise fand sich im Folgejahr nicht mehr im Angebot des Reiseveranstalters. An den See der Berggeister zu gelangen und die majestätischen Gipfel des Altai vom Rücken eines Pferdes aus zu bewundern, bleibt möglicherweise eine fantastische Vorstellung. Ebenso real wie jenes Bild vom Quecksilbersee aus der Erzählung Jefemovs, über dem narkotisierende giftige Dämpfe aufsteigen und dessen tatsächliche Skizze scheinbar noch nie ein menschliches Auge zu Gesicht bekam.

Lektion: Vertrauen

Während sich das Land ringsum gerade im „Corona-Ausnahmezustand“ befindet, bleibt auch das Training mit dem Pferd nicht von besonderen Situationen verschont. Nachdem meine Reitlehrerin ihren Trainingsansatz überdacht hatte und weniger auf den Sport orientierte, sollte ich plötzlich ein anderes Zügelmaß anwenden, als in den letzten Wochen erprobt. Ich reagierte selbst wie ein bockiges Pferd und brach die Reitstunde ab. Heidi machte sprichwörtlich „auf dem Absatz kehrt“ und ließ mich mit Coba stehen. Unsere Funkstille dauerte mehr als einen Tag, was angesichts der sonst regelmäßigen Reflektionen über Erfolge oder auch Unstimmigkeiten einer gefühlten Ewigkeit entsprach. Dann schrieb sie zuerst und bot an, unser Training fortzusetzen.

Da ich ohnehin zu viel über die Dinge nachdenke, fuhr ich mit gemischten Gefühlen zum Reitunterricht. Sie empfing mich mit einem Desinfektionsmittel und einem Lächeln. „Na, wollen wir die Übung vom Sonntag wiederholen?“

Während sie in der Halle Hütchen für das „Pylonen-Chaos“ aufbaute, putzte und sattelte ich das Pferd. Wir begannen die Übung dieses Mal viel ruhiger. Es kostete mich Überwindung, die Zügel länger zu lassen, nicht rückwärtswirkend die Hände zu bewegen und im Leichttraben meinem Pferd zu vertrauen. Weil kaum Störungen von außerhalb zu vernehmen waren, lief es anfänglich recht gut. Der Trab war flott und so sollte auch Galopp kein Problem darstellen. Ich weiß nicht, woran es lag, denn schon mit dem Kommando verkrampfte sich meine Körperhaltung. Es klappte nicht, obwohl meine Reitlehrerin diesmal nicht ungeduldig wurde. Nach kurzer Überlegung sagte ich ihr: „Ich habe Schiss vor dem Angaloppieren“, was wohl den Tatsachen entsprach. Und weil wir ohnehin einen Reset-Knopf im Training drücken wollten, bot sie an, mit mir und Coba ein „Join-Up“ zu machen.

Die Pferdeprofis wissen natürlich sofort, dass dies die Methode nach Monty Roberts ist, mit Pferden zu kommunizieren und ihr Vertrauen zu gewinnen, ohne den Willen zu brechen. Aber ich bin kein Profi und kenne dies nur aus diversen Fernsehbeiträgen der gleichnamigen Sendereihe. Coba bekam alles abgenommen, während die Halle zur Hälfte abgesperrt wurde, um eine Art Roundpen zu simulieren. Dann holten wir eine Longe, um Coba anzutreiben. Heidi demonstrierte eindrucksvoll, wie sie das Pferd von sich wegschicken konnte. Dann zog sie sich hinter die Bande der Reithalle zurück, übergab mir die Führung und gab mündliche Regieanweisungen aus der Ferne. Es war viel schwieriger als gedacht, sich an der Haltung des Pferdes zu orientieren und am richtigen Punkt und vor allem im richtigen Abstand zum Pferd zu bewegen. Wie so oft war ich anfänglich zu langsam mit meinen Reaktionen. Wenn ich das Longenende auf die Hinterhand werfen sollte, plumpste es mit einem Meter Abstand vor Coba auf den Hallenboden. Aber ich wurde besser und Coba immer ungehaltener. Das bewusste Wegschicken nach dem Motto „Du bist nicht lieb zu mir. Geh fort!“ fiel mir unheimlich schwer. Sich dabei auch noch groß zu machen und dominant zu sein, entsprach ja gerade nicht meinem Gemütszustand. Weil meine Trainerin dies aber gut beobachtete und stets die richtigen Signale setzte, klappte es schließlich besser.

Inzwischen war Coba im Galopp, buckelte und schlug mit der Hinterhand in meine Richtung aus. Ich ließ es mir nicht anmerken, dass ich leicht erschrocken war, sondern befolgte die Anweisungen. Dann ließen wir die Longe weg und nur durch erhobene Arme und Handzeichen erreichte ich Richtungswechsel beim Pferd. Ich habe kein Gefühl, wie lange diese Übung dauerte, bevor Heidi rief: „Jetzt leckt sie und kaut. Nicht mehr wegscheuchen."

Ich sollte kleine Kreise in der Mitte des Zirkels laufen und besonders auf meine Schultern achten. Nun hieß es sich niederzuknien und abzuwarten. Nur nicht den Blick direkt in die Augen des Pferdes richten. Coba dachte gar nicht daran, näher zu kommen. Sie umkreiste mich mehrere Runden im Uhrzeigersinn, immer ein Ohr in meine Richtung gedreht. Auch sie war sehr aufgeregt und kam zunächst nicht näher, blieb aber auch nicht stehen. Jetzt endlich merkte ich, wie ihre Zirkel um mich enger wurden und sie schließlich mit einem Meter Abstand an mir vorbeiging. Sie wechselte die Richtung und ich sollte langsam aufstehen. Dann geschah ansatzweise das, was passieren soll. Sie kam auf mich zu, ließ sich aber nicht anfassen, sondern wandte sich wieder von mir ab und ging in ein Ecken der Reithalle. Dort blieb sie beobachtend stehen.

Die Trainerin meinte: „Sie vertraut dir nicht, sondern hat dir letztlich die kalte Schulter gezeigt. Eigentlich müssten wir es nochmal versuchen."

Ich blickte auf die Uhr. Die Trainingszeit war vorbei, aber Heidi schien es zu wichtig zu sein. Sie wollte den Effekt des „Folgens" sehen und wir begannen das Spiel von vorn. Ich empfand es wiederum als unangenehm, dem Pferd wie ein Raubtier in die Augen zu blicken und es mit Gesten und der Longe von mir weg zu treiben um damit meinen Anspruch auf territoriale Oberhoheit zu sichern. Aber wer hat schon gesagt, die Natur wäre „nett"? Es regiert das Gesetz des Stärkeren und Coba sollte jemandem folgen können, dem sie vertraut und zutraut, dass er tatsächlich dominant genug sein kann. Auf meine Form der Pferdesprache reagierte sie fast noch heftiger als beim ersten Durchlauf. Allerdings kam das Lecken und Kauen früher und ich konnte meine Bewegungsrichtung ändern. Erneut wurde ich aufmerksam und unsicher umkreist. Sofortiges niederhocken brachte auch noch nicht den gewünschten Effekt. Heidi sagte mehrfach: „Lass ihr die Zeit, die sie braucht. Kannst du dich nicht mal setzen?"

Im nächsten Moment zog sich meine Reitlehrerin aus dem direkten Blickfeld von Coba und ließ uns allein. Es dauerte immer noch, bis ihre Zirkel um mich kleiner wurden. Dann merkte ich, dass sie rechts hinter mir in einer Ecke stand. Sie schien zu überlegen, bevor sie wendete und direkt auf mich zukam. Aus den Augenwinkeln sah ich ihre Nüstern, welche die direkte Nähe zu mir suchten. Es fühlte sich fantastisch an. Ich durfte ihren Hals streicheln, aufstehen, mit der Hand über den ganzen Körper gehen und sie blieb bei mir. Meine Reitlehrerin und ich waren überglücklich. Danach räumten wir die Absperrung weg und Coba folgte mir. Nicht sofort, aber nach kurzer Bedenkzeit aktiv und mir vertrauend. Der erste „Join-Up" war schon fast wie aus dem Lehrbuch. Es war ein Riesenerfolg und ein Zuwachs an Vertrauen für alle, die Methoden meiner Trainerin eingeschlossen. Es heißt, das Gras würde nicht schneller wachsen, wenn man daran zieht. Vertrauen muss man sich mit Zeit und Geduld verdienen. In dieser Lektion konnte ich lernen, dass man bei Menschen und Tieren auch mal eine zweite Chance dafür benötigt und manchmal sogar bekommt. Dafür war ich sehr dankbar.

Selbstfindung im Wendland

Im Verlauf meiner reiterlichen Karriere kam ich mehrfach an den Punkt, einfach alles aufzugeben, was diverse Gründe hatte. Im Spätherbst 2016, in dem Jahr wo ich nach Absturz und Wiederauferstehung scheinbar problemlos weiterreiten konnte, erwischte mich eine tiefe mentale Krise. Sie kam so plötzlich und unerwartet, dass ich nicht mal genau sagen kann, ob es einen ganz konkreten Anlass dafür gab. Es fiel aber mit dem Zeitpunkt zusammen, als das letzte Metall aus meinem Sprunggelenk entfernt wurde und ich die sich anschließende ambulante Reha abgeschlossen hatte. Sowohl mit Coba als auch mit den Leutzscher Schulpferden kam ich nicht mehr zurecht und eines verspürte ich mehr als alles andere. Die Angst, vom Pferd fallen zu können. Die Unsicherheit stieg mit mir in den Sattel und da Pferde so unglaublich empathisch sind, war ihre verhaltene Reaktion nur natürlich. Coba besuchte ich nur noch, um ihr mal ein Möhrchen zu reichen oder ihr über den Hals zu streicheln.

Die Reitstunden in Leutzsch verliefen mit Höhen und Tiefen und waren vom Selbstzweifel durchzogen. Ich benötigte dringend einen Ausweg, eine Art Selbstbestätigung, ob ich dazu in der Lage wäre, wieder unbelastet aufs Pferd zu steigen.

Das Jahr 2017 war gekommen und mit ihm die Idee, sich umzuschauen, ob dieser Neuanfang irgendwo in der Ferne stattfinden könnte. Im Internet sind viele Angebote für einen Reiturlaub annonciert. Mehrere Bedingungen sollten jedoch zutreffen. Es sollte ein bezahlbares Reitwochenende für Erwachsene auf klassisch englisch gerittenen Pferden sein. Zudem sollte dies auch für Wiedereinsteiger oder ängstliche Reiter funktionieren und, ganz entscheidend, niemand sollte mich und meine Vorgeschichte kennen. Diese Auswahlkriterien verringerten die Möglichkeiten schlagartig doch fand ich so „Pferdeschulze“ in der Nähe des Städtchens Hitzacker. Das liegt im Wendland und ist von Leipzig aus in knapp dreistündiger Autofahrt zu erreichen. Ich schrieb eine Mail an das Landhotel, schickte eine Art „Bewerbungsfoto“ und schilderte in groben Zügen mein Problem, dass ich vor der Entscheidung stehen würde, weiterzureiten oder aufzuhören. In einem persönlichen Antwortschreiben bekam ich nicht nur die Buchung des Wochenendes bestätigt, sondern man zeigte Verständnis für meine Situation und meinte, die „S-Woche“ mit vier Reiteinheiten, zwei Übernachtungen inklusive Verpflegung für Anfänger und Wiedereinsteiger wäre genau das richtige für mich. Ich zögerte nicht lange und meine Frau redete mir gut zu: „Fahr da mal unbedingt alleine hin. So strengst du dich mehr an. Wenn ich dabei wäre und es klappt nicht so auf Anhieb, bekomme ich nur deinen Frust zu hören. Da musst du schon durch. Ich finde das gut.“

An einem Freitagmorgen im März arbeitete ich noch ein wenig im Kindergarten und fuhr danach los. Zartes Grün spross in der Colbitz-Letzlinger Heide und am frühen Nachmittag erreichte ich den Landstrich, der sich fast im toten Winkel der ehemals innerdeutschen Grenze liegend, viel Ursprüngliches bewahren konnte. Ich bezog mein Einzelzimmer und am Nachmittag hatte man schon zur ersten Stunde anzutreten. In meinen üblichen Reitklamotten schlenderte ich zur Reithalle, wo man die Teilnehmer des Kurses schon erwartete. „Du siehst aber nicht aus wie ein

Anfänger“, bekam ich so ziemlich als erstes zu hören, nachdem ich „Guten Tag“ und meinen Namen vorgebracht hatte.

Nun, das wird sich zeigen, dachte ich bei mir und unterschlug bei der anschließenden Selbstauskunft über meine reiterlichen Vorkenntnisse etliche Jahre. Allerdings verwies ich auf meinen Unfall und die Unsicherheit, welche sich bei mir seit Neuestem eingestellt hatte. Mehr war nicht nötig zu sagen. Wir holten die uns zugeteilten Pferde von der Koppel und begannen, sie zu putzen. Winterfell löste sich in dicken Flocken und man schmeckte Fellfusseln zwischen den Zähnen. Obwohl ich stets recht langsam bin, konnte ich noch ein wenig bei tatsächlichen „Einsteigern“ helfen. Das gab mir Selbstvertrauen und so konnte ich beruhigt aufsteigen. Die Stute, welche den Winter auf den Elbwiesen auf der Koppel verbracht hatte, kam recht langsam in Gang. Obwohl wir mehrere Reiter waren, gab es keinen Abteilungsunterricht, so wie ich ihn aus Leutzsch gewohnt war, sondern man erhielt in Abständen individuelle Tipps und anschließend Zeit zum Üben. Und während sich die anderen mit Schritt und Trab und weiteren Dingen abmühten, die es zu Beginn einer reiterlichen Laufbahn zu koordinieren galt, war ich am Ende der ersten Stunde in allen drei Gangarten unterwegs gewesen. Natürlich erfüllte es mich mit Stolz und der gewünschten Portion Sicherheit, dass man nicht nur individuell auf meine reiterlichen Vorkenntnisse einging, sondern das Anforderungsniveau auf meine Bedürfnisse abstimmte.

Beim Abendessen sah ich mich einer Reihe von Fragen ausgesetzt, warum ich mich denn in diesem Kurs eingetragen hätte. Ich könne doch schon so gut reiten und ob ich mich nicht langweilen würde. Meine Antworten wählte ich mit Bedacht, denn ich wollte auch nicht als überheblich oder besserwisserisch erscheinen. Wenn ich in Bezug auf die Reiterei eines gelernt habe, dann beschreibt es folgende Erkenntnis. Es sind nie die Jahre, welche darüber entscheiden, ob man sicher und gut im Sattel sitzt, sondern vielmehr die innere Haltung und der Respekt, den man nie verlieren darf.

Die folgenden Reitstunden verliefen ähnlich, wobei ich am nächsten Morgen einen freudigen Buckler der Stute beim Angaloppieren aussitzen durfte. Dies erinnerte mich daran, warum ich nach Hitzacker gereist war. Während der Pausen zwischen den Reiteinheiten lernte ich die nähere Umgebung kennen und war begeistert. Die mit Fachwerkhäusern bebaute und von Wasser umgebene Stadt Hitzacker selbst sowie die einzigartigen Rundlings-Dörfer mit ihrer charakteristischen Anordnung verzauberten mich. Bei einer alten Frau kaufte ich ein traditionell im Steinofen gebackenes Sauerteigbrot, das gut zwei Kilogramm auf die Waage brachte und welches mir erlaubte, eine geschmackvolle Erinnerung an dieses Reitwochenende mit nach Hause zu bringen. Natürlich hatte ich noch mehr im Gepäck: Wurst aus eigener Schlachtung, Käse, Marmelade aus den Früchten von einer Streuobstwiese und das Wichtigste von allem – Zuversicht. Meine reiterliche Karriere erwachte im herrlichen Wendland und ich möchte diese Form der Selbstfindung jedem ans Herz legen, der an seinen Fähigkeiten zu zweifeln beginnt.

Lektion: Bodenarbeit, das ist doch was für Mädchen

Es gibt nicht wenige Reitlehrer, die sogar die Ansicht vertreten, dass man sich erst aufs Pferd setzen sollte, wenn man gelernt hat, dass man sein Reittier vom Boden aus „bedienen" kann. Eines vorweg: Mit einem Fahr- oder Flugsimulator ist das nicht zu vergleichen, denn die steuern sich nach kurzer Zeit mit Erfolgserlebnissen und, falls es einen Crash gibt, nun, da startet man das Programm einfach von vorn. Ich war schon manchmal dabei, wenn jemand Bodenarbeit gemacht hat. Aber von der Ferne betrachtet wirkte es auf mich ganz oft wie das Abendprogramm des Fernsehsenders „Arte", der gerade eine französische Reportage über moderne Kunst im Zweikanaltonverfahren ausstrahlt. Die unspektakulär anmutenden Übungen mit dem Pferd ließen stets kaum erkennen, worum es dabei gehen mochte und woran sich der Erfolg bemessen ließ. Da nun aber wieder mal der Reitunterricht ausfiel und meine Gemütsverfassung nicht die beste war, kam mir der Vorschlag von Susanne, mich mal darin auszuprobieren, gerade recht. Sie bot sogar an, mich anzuleiten, was ich unter normalen Umständen sicher abgelehnt hätte, aber da gerade die Corona-Krise das Land beherrschte, war ohnehin alles etwas anders. Um nicht völlig unvorbereitet zu starten, zeigte sie mir einige Bilder aus einem Fachbuch über gymnastizierende Bodenarbeit. Binnen fünf Minuten Schnelleinweisung merkte ich mir höchstens die Hälfte und fuhr los, um Coba zu putzen. Als wir uns in gebührendem Abstand auf dem großen Reitplatz trafen, führte ich unser Pferd zunächst ein paar Runden, bevor es frei herumgaloppieren durfte. Die Abenddämmerung bot ausreichend Licht und da es recht kalt war, störten auch keine lästigen Insekten. Coba nutzte die Gelegenheit und tollte diagonal über den Reitplatz, buckelte ausgelassen vor Freude und stand mehrfach schnaubend in einer der Ecken des Areals herum. So vergingen einige Minuten und ich hegte die Hoffnung, dass sie nach dem Spaß auch mal bei mir vorbeischauen würde. Ich hocke mich also in die Mitte des Platzes, vermeide den Blickkontakt und das Pferd kommt auf zwei Meter heran, nur um dann weiter zu einer Stelle zu laufen, wo das Frühlingsgrün saftige Hälmchen hatte sprießen lassen. Man kann es ja mal versuchen, denke ich so bei mir und schlendere zu Coba hinüber. Sie läuft nicht weg, sondern lässt sich sicher an der Trense greifen und vom Gras wegführen.

Danach beginne ich mit der eigentlichen Arbeit. Wie war das doch gleich abgebildet gewesen? Ich muss an der Schulter des Pferdes stehen, etwa dort, wo sich ein Fohlen oder ein Freund befinden würde. Stehe ich links vom Pferd, greife ich die Zügel mit rechts und halte sie, wie auf dem Pferd sitzend, auf Höhe des Widerrists. Meine Gerte klemme ich mir wie ein asiatisches Essstäbchen unter den rechten Daumen, damit die treibende Hilfe auch an der passenden Stelle ankommt. Mit der linken Hand fasse ich nun in den Gebissring. Bei diesem Versuch fühle ich mich mal wieder wie „Bernd, das Brot“, der ja stets lamentiert, dass er zu kurze Arme hat. Jetzt vom Pferd leicht wegdrehen, was die Armlänge nochmals verkürzt, und in „Fahrtrichtung“ blickend losmarschieren. Ach ja, der Impuls zum Loslaufen sollte bestenfalls vom Pferd ausgehen? Coba ist so lieb und tut mir den Gefallen. Sie dreht sich sogar leicht zu mir und deutet eine Biegung an.

„Nicht so weit runter mit dem Kopf!“, höre ich Susanne. „Schau mal, wo du gerade läufst!“

Ich antwortete: „Vor der Schulter, mein linker Arm ist nicht lang genug.“

Natürlich wusste ich, dass sie Recht hat, Coba lief nicht in Anlehnung, wodurch sie weder die Hinterhand richtig aktivierte noch die korrekte Biegung zu sehen war. Aber ich gebe nicht auf, denn schließlich ist das doch so ein Mädchenkram. Den muss ich doch hinbekommen.

„Jetzt könntest du mal etwas schneller laufen.“

Meine Essstäbchengerte trifft und die Beschleunigung kommt augenblicklich. Wenigstens ein kleiner Erfolg stellt sich bei mir ein. Bis jetzt habe ich ja alles mit der linken Hand ausgeführt, weil mir als Rechtshänder die Bewegungen geläufiger erschienen. Also wechsle ich die Seite und ich scheitere schon im ersten Moment bei dem Versuch, die Zügel richtig anzufassen. Auf dem Pferd sitzend kann ich das im Schlaf, aber von unten stelle ich mich wie bei meiner ersten Reitstunde an. Mein Gehirn arbeitet gefühlt im Schneckentempo, bis dies endlich gelingt. Nun wieder die korrekten Positionen einnehmen und loslaufen. Dann endlich ein echter Aha-Effekt. Beim Griff in den Gebissring merke ich, wie die impulsartige Hilfengebung viel besser beim Pferd ankommt als permanentes Ziehen an einer Seite. Coba reagiert sofort und der Kopf nickt augenblicklich nach unten. Genauso soll es aussehen, denke ich so bei mir.

Nach gut zwanzig Minuten Übungen habe ich erkannt, dass das Abendprogramm von Arte echt anspruchsvoll ist und, wenn man interaktiv mitwirken kann, auch keinesfalls einschläfernd. Nach meinen ersten Versuchen in gymnastizierender Bodenarbeit bleibt mein Verständnis dafür aber immer noch ein wenig so wie für moderne Kunst. Ich erkenne immerhin im Ansatz den tieferen Sinn dahinter.

Costa Rica: Expedition zum Strandgalopp

Zu den schönsten Reiterfotos, aber auch den romantischsten Filmszenen gehören wohl die, in denen sich Pferd und Reiter im Galopp am Strand bewegen. Wind und Wellen bieten dabei die Kulisse für diese einzigartige Dynamik aus Kraft, Eleganz und Freiheit. Wer träumt nicht selbst davon, dies auch einmal so zu erleben. Mehrere Versuche, beispielsweise an der polnischen Ostseeküste, scheiterten entweder an saisonalen Verordnungen oder auch am Temperament der Pferde selbst, die, wie mir einmal glaubhaft versichert wurde, von hier aus losgelassen, bis Russland durchgaloppieren könnten. Die Ziele möglicher Reiterreisen, welche dieses Erlebnis im Text der Reisebeschreibungen als höchstwahrscheinlich zusicherten, hielten sich zur Hauptferienzeit in Grenzen oder waren schlichtweg sehr teuer. Ironie des Schicksals, dass mir ausgerechnet der Sturz von Coba die finanziellen Möglichkeiten einräumte, diesen Traum zu erfüllen. Mit der Auszahlung meiner privaten Unfallkasse für den dauerhaft erlittenen Schaden im Sprunggelenk stand mir plötzlich fast die gesamte Bandbreite des Katalogs zur Verfügung. Nun konnte ich endlich den ersehnten Strandgalopp buchen. Unsere Wahl fiel auf Costa Rica, welches neben den Galoppaden im schwarzen Vulkansand eine unglaubliche Flora und Fauna versprach, womit auch die Interessen meiner Frau hundertprozentig berücksichtigt waren. Der passende Reiseführer stand bereits seit Jahren ungenutzt im Bücherregal.

Im Juli 2018 hob unser Flugzeug gen Frankfurt/Main ab und aus dem Fenster erblickte man ringsum braune, von der anhaltenden Dürre ausgetrocknete Felder. Es hatte praktisch seit April keinen richtigen Regen gegeben und das Leipziger Umland wirkte wie eine Steppenlandschaft des mittleren Ostens. Ganz anders sah es dagegen in Costa Rica aus. Hier verzeichnete man Regenmengen, wie es sie in den letzten Jahren nicht mehr gegeben hatte. Zwar wussten wir vorher, dass gerade Regenzeit herrschte, aber anscheinend kam hier all das herunter, was in Europa fehlte.

Unser erster Zwischenstopp, zur Eingewöhnung an das tropische Klima, führte an die karibische Küste, welche von besonders starken Niederschlägen betroffen war. Als erste Reisegruppe durften wir nach Tagen der Zwangspause wegen Straßenschäden überhaupt wieder in den Tortugero-Nationalpark fahren, welcher nur auf dem Wasserweg zu erreichen ist. Es ist fantastisch, welche Vielfalt die Natur auf diesem winzigen Stück Erde hervorgebracht hat. Nur von der legendären türkis-blauen Färbung der Karibikstrände sahen wir rein gar nichts. Die meistens in allen Grautönen rauschenden Wellen überspülten den Strand, wie an einem Regentag an der heimischen Ostsee. Ein Zustand, der sich über Tage nicht änderte. Noch bevor wir in den Reittrail starteten, hatten wir bereits eine Vorahnung bekommen, wie sich echter Regenwald auf einem Pferd anfühlen kann. Der Titel der Reisebeschreibung im Katalog entsprach mal wieder nur frei interpretiert der Realität. Nicht etwa, dass wir von der Karibik zum Pazifik einen Wanderritt erleben würden. Nein, es fanden vielmehr Sternritte in unterschiedlichen Landesteilen statt, sodass wir dabei nicht nur die Pferde, sondern auch die Klimazonen wechselten. An der pazifischen Küste verlief das mit der Regenzeit so, wie man es in einschlägiger Reiseliteratur für diese Klimazone lesen kann: Stellen Sie sich den

Niederschlagswecker für den Nachmittag. Dann kommen heftige Regenschauer oder auch die eindrucksvollen tropischen Gewitter. Anschließend können Sie die Veranda wischen, was eigentlich überflüssig ist, weil es am nächsten Tag das gleiche Schauspiel geben wird.

Wir ritten anfänglich auf den äußerst zähen und ausdauernden Criollo-Pferden eines einheimischen Guides, welcher seine Tiere außer an Touristen zu verleihen auch zur Arbeit mit Rindern einsetzte. Mit ihm erlebten wir, welche Wege man durch den Dschungel gehen kann und dass der Regenwald keine Spazierwege im herkömmlichen Verständnis bietet. Schlamm und rutschiger Untergrund bildeten ständige Begleiter und als besonders aufregend empfanden wir es, durch Flüsschen zu reiten. Manchmal standen wir so tief im Wasser, dass es nichts nützte, die Füße hochzunehmen. Allerdings gab es in diesen Landesteilen kein Wasser von oben als „Zugabe".

Neben dem Ritt durch Mangoplantagen und kleine Regenwaldstücke erlebten wir auch den pazifischen Ozean mit seinem Strand reitend. Leider war der Sand dort so tief, dass die Pferde Mühe hatten, Geschwindigkeit aufzunehmen. Auch schien ihnen die Brandung der Wellen nicht geheuer, sodass Galopp im flachen Wasser kaum möglich war. Dennoch gab es einen Vorgeschmack auf das heißersehnte Gefühl. Im Umkreis des Vulkans Arenal setzte man uns auf Pferde eines touristisch sehr intensiv genutzten Stalls. Zwar passte man die Tagesstrecke an unsere Vorerfahrungen als Reiter an, aber aus reiterlicher Sicht gab es nur wenig zu berichten. Die Begegnung mit einem prachtvollen Tukan sei allerdings nicht verschwiegen.

Die dritte Etappe der Reiterreise führte uns an die Küste der Karibik zurück, welche uns natürlich mit Regen und dem Anblick des grauen Meeres empfing. Der erste Ausritt führte uns dann tatsächlich direkt auf den schwarz glänzenden Sand vulkanischen Ursprungs. Man hatte mir ein stämmiges Pferd zugeteilt, welches sie „el loco", „den Verrückten" nannten. Weil wir jedoch im reiterlichen Verständnis der Stallbesitzerin als fortgeschritten gelten durften, war das für sie endlich eine Möglichkeit, auch diesen hübschen Braunen mit ins Rennen zu schicken. Und um es vorweg zu nehmen – ich gewann.

Während dieser ersten Galoppaden am Strand versuchten wir alle die Ordnung einer geregelten Abteilung einzuhalten. Das fiel mir echt schwer, weil das Tier unter mir nur ein Ziel zu haben schien. Ich muss an die Spitze. Bis zu unserem Umkehrpunkt hielt ich ihn an zweiter Stelle. Die Pause mit dem erfrischenden Saft einer vor Ort geöffneten Kokosnuss tat sehr gut. Beim Rückweg galoppierten wir erneut, doch diesmal ließ uns der örtliche Guide freie Wahl. Wir durften, wenn wir wollten, richtig Gas geben. Das brauchte ich „el loco" nicht zweimal zu sagen. Ich gab ihm die Zügel hin und er brauste los, sodass wir bald vierhundert Meter von der restlichen Abteilung entfernt am Strand dahinstürmten. Es blieb tatsächlich keine Zeit, den Moment auszukosten, weil ich befürchtete, tatsächlich übers Ziel hinauszuschießen. Schließlich konnte ich durchparieren und der Rest der Gruppe schoss heran.

„Das war irre", sagte ich zu einem der Mitreiter, welcher eine Actionkamera auf dem Helm befestigt hatte. „Hast du das zufällig aufgenommen?"

„Möglicherweise“, so seine Antwort. „Das sehen wir später.“

Bei der Rückkehr zum Stall hatte es natürlich begonnen zu regnen, sodass uns die recht feuchten Sachen wegen des viel intensiveren Reiterlebnisses kaum störten. Am nächsten Tag sollten wir zu einem Wasserfall im Regenwald reiten, weil man dort so schön baden könne. Noch am Morgen des folgenden Tages war ich fest entschlossen in meine Ersatzreithose zu steigen, weil die andere vom Vortag feucht und klamm im tropischen Klima kein bisschen getrocknet war. Aber der Wettergott schickte seine donnernden Vorboten schon am Vormittag und es war nur eine Frage der Zeit, wann es wieder zu regnen beginnen würde. Das Gemisch aus Baumwolle und Elasthan klebte wie eine zweite Haut, doch weil es ja warm war, verging dieses unangenehme Gefühl.

Bereits um 8.00 Uhr saßen wir im Sattel und ich bekam den hübschen Schecken, welcher am Vortag noch unseren Reitguide getragen hatte. „El loco“ und Regen, das schien mir dann doch ein wenig zu verrückt. Das Tragen eines Regenschutzes machte relativ wenig Sinn, da der feuchtwarme Dunst vermischt mit dem eigenen Schweiß, nebst der in wechselnder Intensität herunterfallender Regentropfen letztlich auch nur zum gleichen Ergebnis geführt hätten. Meine Digitalkamera steckte in einem kleinen wasserdichten Beutel in der Fototasche, aber sie herauszunehmen war ebenfalls unsinnig.

Anfänglich folgten wir einer Straße und aufsteigender Dunst verwandelte die Landschaft, so dass sie einer Waschküche glich. Der schier unerschöpfliche Vorrat an Niederschlag wechselte lediglich in Tropfengröße und

Menge. Später bogen wir ab und folgten einer Art Schneise, die uns in den Dschungel führte. An einer unscheinbaren Markierung sollten wir absitzen und die Pferde an umliegende Bäume binden. Notdürftig versuchte ich die lederne Sattellage abzudecken, bevor es zu Fuß weiterging. Unter den Reitschuhen klebte nach wenigen Metern eine Schicht aus Lehm, die nicht nur die Füße schwerer machte, sondern auf dem glitschigen Untergrund kaum noch Halt bot. Da es bergab ging, griff man wahllos nach links und rechts und hielt sich an allem fest, nur um nicht auf dem Hosenboden bergab zu gleiten. Dass es in einem Regenwald auch Schlangen oder anderes Getier geben konnte, war dabei völlig zweitrangig. In diesem Moment fühlten wir uns ein wenig wie John Lloyd Stevens und Frederick Catherwood, welche im 19. Jahrhundert den mittelamerikanischen Urwald durchquerten, um zu den fast vergessenen Städten der Maya zu gelangen. Nur hatten wir längst nicht so viel Gepäck dabei, waren nur einen halben Tag unterwegs und unsere Kleidung aus modernen Fasern würde letztlich doch schneller trocknen. Es nötigte uns gehörigen Respekt ab, unter welchen körperlichen und seelischen Strapazen viele der großen Entdeckungen einst als nahezu übermenschliche Leistungen erbracht wurden. Unser Weg zum Wasserfall glich dagegen lediglich einem kurzen Abstecher von einem Dorf ins nächste, das sich schon in Sichtweite befand. Ein kurzes Stück folgten wir noch einem Bachlauf, dessen braune Färbung auf die vom Regen ausgespülte Schlammschicht zurückzuführen war. Dann sahen wir ein natürliches steinernes Becken von ca. zwanzig Metern Durchmesser. in das sich aus vielleicht sechs Metern Höhe ein Schwall trüben Wassers ergoss. Glücklich meinte unser Guide: „Jetzt sind wir da. Ihr könnt baden gehen und etwas zu essen gibt es auch.“

Die Regentropfen bildeten lustige Blasen auf der Wasseroberfläche. In dem Moment, wo wir die Sandwiches aus der Frischhaltefolie wickelten, durchweichte die Oberfläche des ohnehin sehr weichen Weißbrotes. Tatsächlich hatte einer der Mitreisenden die Courage, seine nassen Reitklamotten auszuziehen und ein paar Runden unter dem Wasserfall zu schwimmen. Wie er es danach schaffte, seine Sachen auch wieder anzuziehen, ist mir ein Rätsel geblieben. Mein Bedarf an Abenteuer war ja schon beim Weg zum Rastplatz vollständig gedeckt und so zitierte ich lieber einen Satz aus dem *Schuh des Manitu,* indem ich zu Susanne sagte: *„Ich bin mit der Gesamtsituation unzufrieden.“*

Auf dem Rückweg spürte ich an meinem Körper keine trockene Stelle mehr. Das Wasser in den Reitschuhen pumpte sich bei jedem Schritt von hinten nach vorn. Ansonsten tropften wir bei der Rückkehr in dem immer noch anhaltenden Regen wie Kleidungsstücke, die man bereits nach dem Schonwaschgang aus der Waschmaschine entnommen hat.

Unser dritter und letzter Tag hatte erneut den Strand als Ziel und diesmal erlebte ich endlich, wie es sich anfühlt, filmreif durchs Wasser zu galoppieren. Jeder durfte so schnell reiten, wie er wollte und die Pferde Spaß daran hatten. Die Hufe pflügten durch den schwarzen Sandstrand und das Wasser der vor einem Reitenden spritzte bis ins Gesicht. Man wurde dabei wieder nass und in meinen Reitschuhen bildete sich erneut der besagte Pumpeneffekt. Dies war unser letzter Ritt des Urlaubs. Wen störte es schon, dass die Sachen am nächsten Tag nicht mehr einsatzbereit wären? Dass leichter Regen einsetzte und uns bis zum Stall begleitete, war angesichts der Vortage schon zur Normalität geworden. Gegen Mittag übergaben wir die Pferde, wechselten die Sachen und packten die nassen Klamotten in Plastebeutel gehüllt in unsere Reisetaschen.

Das Hotel in San José verfügte über eine technische Errungenschaft, die Stephens und Catherwood gerngehabt hätten – einen Trockner, der bis auf die Schuhe alles in einen Zustand versetzte, welcher das Reisegepäck nicht zu schwer werden ließ. Den lang ersehnten Traum vom Strandgalopp konnte ich mir nach durchlebter Regenwaldexkursion endlich erfüllen. Diese drei Stunden am Playa Negra gehören wohl zu den schönsten meines Lebens.

Lektion: auf Augenhöhe

Die Corona-Krise hatte auch die Welt im Reitbetrieb etwas aus den Angeln gehoben und normaler Unterricht war nur sehr eingeschränkt gestattet. Um die Lücke in den Anweisungen zu finden, erforderte es etwas Kreativität bei der Interpretation behördlicher Anordnungen. Da stets nur einer begrenzten Anzahl von Personen Zutritt zum Reiterhof gestattet wurde, hatten meine Trainerin und ich unsere Zeiten aufeinander abgestimmt. Sie nutzte ein Berittpferd und ich meine Reitbeteiligung auf Coba zur gleichen Stunde. Somit konnte sie mich vom Pferd aus unter Einhaltung der Sicherheitsabstände anleiten. Unser Training fand optisch betrachtet auf Augenhöhe statt, während uns reiterlich Welten trennten.

Seit den letzten zwei Lektionen hatte sich in unserer Zusammenarbeit etwas verändert. Eine mögliche Ursache dafür mag man sich aus dem Inhalt eines der vorangegangenen Kapitel erlesen. Weiterhin lag es in der Tatsache begründet, dass sich die Reitlehrerin meiner Frau mit Heidi intensiv über ein gemeinsames Trainingsziel bei Coba ausgetauscht hatte. Im Ergebnis änderte sie ihre aus der Sportreiterei begründeten Ansichten von einem Tag zum nächsten. Den Druck deutlich herauszunehmen, damit sowohl meine Frau als auch ich das bekämen, was wir erhofft hatten, ein Pferd für die Freizeitreiterei. Coba sollte sich in allen drei Gangarten bewegen können, dabei geländesicher und zuverlässig sein. Einen derart rasanten Methodenwechsel verbunden mit einem leichten Motivationsverlust bewirkte bei mir das, was es in solchen Fällen stets tut, Verwirrung im Kopf und daraus resultierende unnötige

Diskussionen. Heidis Analyse meiner heutigen Reitweise war geradezu vernichtend: „Du bist drei Schritte zurückgegangen. Wenn ich dir etwas sage, hinterfragst du es, anstatt auf mich zu hören und es auszuprobieren. Ständig schüttelst du den Kopf, brichst die Übungen ab und gibst auf. So kann ich dir weder etwas beibringen noch wirst du besser werden. Jetzt hör mal auf zu denken und mir lieber zu!“

All dies habe ich schon einmal erlebt, nur ging es da nicht um den Reitsport, sondern ums Tanzen. Nach erfolgreicher Prüfung zum goldenen Tanzabzeichen einer Leipziger ADTV-Tanzschule stritt ich mich öfter mit Susanne auf der Tanzfläche, was letztlich dazu führte, die Tanzschuhe an den sprichwörtlichen Nagel zu hängen. Schlimmer noch, es fühlte sich so an, als wäre mir ein Zug durchs Gehirn gefahren und hätte alle Vorkenntnisse an nur einem Tag platt gemacht. Spätere Versuche, die Schrittfolgen des Jive, Rumba oder Slow-Fox aus dem Gedächtnis zu reproduzieren, scheiterten schon im Ansatz. Nun war ich also wieder an genau diesem Punkt angekommen, der mir die Wahl ließ, mich zusammenzureißen und weiterzumachen oder erneut die Flinte ins Korn zu werfen. Ich entschied mich für Letzteres. Meine Übungen in Schritt und Trab waren mäßig und Galopp traute ich mir gar nicht erst zu. Heidis Anweisungen wiederholten sich: „Hände zu, tiefer, im Schritt auch mal weiter auseinander, Ellenbogen an den Körper und in der Bewegung des Pferdes mitgehen. Du wirkst jetzt wieder rückwärtsrichtend auf Coba ein. Das hatten wir doch alles schon einmal. Und erklär mir nicht, dass du das nicht verstanden hast. Ich habe es bei dir schon richtig gesehen.“

Sie brauchte mir gar nicht genau zuzusehen, sondern schaute nur, wie Coba mit wenig aktivierter Hinterhand im Trab leicht auseinanderfiel, mir über die Schulter ausbrach und die Bahnfiguren oft nur halbherzig geritten wurden.

„Das ist doch alles nur in deinem Kopf."

In Gedanken gab ich ihr Recht, weil dieser die Signale selektiv mal an die Unterschenkel und dann wieder an die Arme sendete, während ich meine Körperspannung außer Acht ließ. Ein flexibles, bestenfalls fließendes Zusammenspiel meiner Extremitäten fand praktisch nicht statt. Nicht mal ihre aufmunternd gemeinten Worte, „brauchst du vielleicht ein Sauerstoffzelt?", verfehlten ihre sonst gewohnte Wirkung. Somit kümmerte sie sich ein Weilchen um ihr Berittpferd. Ich riss mich zusammen und baute ihre guten Tipps wie Steinchen in ein tausend Teile umfassendes Mosaik. Jetzt nicht entnervt aufzugeben, glich der Tätigkeit eines Bootsführers, welcher die rissigen Planken seines sinkenden Kahnes mit Hanf auszustopfen beginnt. Gute zehn Minuten ritten wir schweigend aneinander vorbei, bis sie mich fragte: „Was willst du eigentlich?"

„Eine E- Dressur reiten", antworte ich entschlossen.

„Gut. Dann nimm die Zügel auf und beginn zu reiten. Du musst nur schneller treiben. Versuch mal, in den Ecken bewusst in die entgegengesetzte Richtung zu blicken. Dein Körperschwerpunkt verlagert sich wahrscheinlich so, dass Coba nur ausweichen kann. Sie macht es doch so, wie du ihr die Hilfen gibst."

Und tatsächlich verliefen die letzten fünf Minuten dieser Reitstunde deutlich besser und brachten mich moralisch wieder auf Augenhöhe mit meiner Reitlehrerin. Bevor wir uns verabschiedeten fragte ich sie: „Wir machen doch weiter mit dem Unterricht?“

Und sie antwortete: „Was denkst du denn? Waren wir nicht schon mehrfach an diesem Punkt?“

(Fach-) Gespräche an der Bande und im Internet

Viele Menschen treffen sich in Restaurants, Cafés oder Biergärten, um über Gott und die Welt zu plaudern. Zweifelsfrei stellen für mich Reiterhöfe dieses Äquivalent in der realen Welt dar. Mit der sich inflationär ausbreitenden Digitalisierung bildete sich wie über Nacht ein neuer virtueller Stammtisch, den ich nur allzu gern besuche. Somit kann ich mich jetzt fast pausenlos mit unterschiedlichen Menschen hauptsächlich über Pferde unterhalten, ohne einen Gesprächseinstieg über das Wetter nehmen zu müssen. Personen, denen ich in der realen Welt begegne, nehmen ungefiltert und spontan am verbalen Austausch teil. Im Chat dagegen erzeuge ich kleine Momentaufnahmen meiner psycho-physischen Gesamtverfassung. Hier erlebt man nur eine Art Abbildung, die nicht alle Facetten meiner menschlichen Regungen zeigt, weil man sich förmlich einen Fächer oder Schleier vors Gesicht halten kann. Unsere Stimme lacht, weint und verrät unser Innerstes. Doch das klassische Telefonat wird immer mehr verdrängt, weil die Möglichkeit, sich in sozialen Netzwerken kontrolliert zu präsentieren, so verlockend ist.

Reden wir zunächst von den Jahren vor der Erschaffung des virtuellen Selbst. Da man auf dem Reiterhof Lukas sein Schulpferd häufig übernahm und an andere Reiter übergab, war man automatisch neugierig, wie sich der andere mit dem Tier anstellen würde. Es drängte sich einem förmlich auf, an der Reitbande stehen zu bleiben und ein Weilchen zuzuschauen. Dabei ist man selten allein, denn natürlich geht es Mitreitern ähnlich oder den allgegenwärtigen Reitmädchen ist es zu langweilig, den zehnten Zopf in die

Mähne eines ungenutzten Pferdes zu flechten. So steht man da, erkennt von unten natürlich alles viel besser und weiß auch so manches genauer, was man nicht selten mit den ebenfalls Zusehenden bespricht. „Schau mal, die fällt dem armen Pferd beim Trab ganz schön in den Rücken“, ist eine der ganz typischen Anmerkungen an der Bande, was nicht selten zu einer Analyse aller Reiter führt, die sich gerade in der Halle oder auf dem Reitplatz befinden. Ich bezweifle, dass der Wille, aus den Ungenauigkeiten anderer Reitschüler zu lernen, die motivierende Kraft hinter diesem Verhaltensmuster ist. Vielmehr geht es zunächst darum, das eigene Gewissen zu beruhigen und sich einzureden: „Auch andere kochen nur mit Wasser.“

Hat man diesen Punkt überwunden beginnt tatsächlich die Lernphase. Mir geht es dabei so, dass mein Blick zu den „Baustellen“ meiner eigenen Reitweise wandert und in Gedanken Vergleiche angestellt werden. Würde ich einen Menschen nicht wie in dieser Situation auf dem Pferd beobachten, läge mein Fokus gewiss nicht zuerst auf Unterschenkeln, Händen, Rückenlinie oder allgemeiner Körperspannung. Zudem erblicke ich ja hier eine Mensch-Tier-Kombination und das Zusammenspiel beider Lebewesen. Ganz klar, dass die sich daraus entwickelnden Fachgespräche an der Reitbande über Pferde und Reiter zunächst eher sachlich ablaufen, bevor allgemeiner Klatsch und Tratsch einer Stammtischrunde hervorsickert. Letzteres kommt natürlich zur Sprache, denn ein Reiterhof bietet stets auch die Bühne für menschliche Zwischentöne, genau wie in anderen Vereinen auch. Während der Zeit stabiler Reitgruppen in Leutzsch ersetzte das Gespräch an der Bande oft das Telefon und man genoss es, mit den Freunden, die man in wöchentlichem Abstand sah, all die Dinge zu besprechen, welche der berufliche und gesellschaftliche Alltag so bot. Den engen Freundeskreis vergangener Tage, mit denen ich Geburtstage feierte, ins Kino ging oder auch in den Reiturlaub fuhr, hat, wie in einem vorangegangenen Kapitel beschrieben, der Wind in alle Himmelsrichtungen verteilt.

Nun, da der Wechsel von Reitern in Leutzsch in viel kürzeren Abständen erfolgt und einer höheren Dynamik unterliegt, bin ich kaum weniger mitteilsam. Gesprächsanlässe an der Bande ergeben sich ja automatisch und oft höre ich binnen kürzester Zeit spannende Biografien neuer Reiter. Deren zuschauender Begleiter oder die allgegenwärtigen Reitmädchen schimpfen mal wieder über die Schule und wie blöd Mathematik und Naturwissenschaften sind. Bereits nach einer einstündigen Unterhaltung während der gerade stattfindenden Reitstunde erweitert sich der Personenkreis interessanter Menschen, denen ich manchmal nur dieses einzige Mal begegne oder welche sich wiederholt auf dem Reiterhof einfinden. Die Themen haben sich nicht grundsätzlich geändert, wenngleich die emotionale Tiefe davon abhängt, wie groß das gegenseitige Interesse ist und ob es außer dem Thema „Pferd“ noch andere Gemeinsamkeiten oder Sympathien gibt. Sehr häufig erfährt man so ganz praktische Informationen. Beispielsweise wohin es sich lohnen würde in den Reiturlaub zu fahren, welche Reiterhöfe der Umgebung was genau anbieten und wer seinen Status vom Schulpferdreiter zur Reitbeteiligung oder zum Pferdebesitzer geändert hat. Bekam man solche News in den zurückliegenden Jahren oft nur direkt auf dem Reiterhof, so hat sich seit der Nutzung von Facebook,

WhatsApp und Instagram hier ein digitales Universum unendlicher Möglichkeiten erschlossen. Die technischen Voraussetzungen, seine Erlebnisse mit Pferden optisch jederzeit zu teilen, befreiten den Geist (zumindest teilweise) von den Grenzen seiner Vorstellungskraft. Hieß es früher, „im Urlaub bin ich ein Kaltblut geritten, das gern galoppierte", überließ man es der Fantasie des Gesprächspartners, ob dieser es in die Rubrik „Anglerlatein" einstufen würde oder sich in Gedanken selbst auf den Rücken des Tieres schwang, um sich gleichsam ein eigenes Bild zu machen. Heute haben wir meistens schon ein Foto parat, oder gar das Video als „Beweis" für unsere Story. Kennt mich mein Gesprächspartner aus der realen Welt, hat er mich tatsächlich schon einmal reiten gesehen. Dann sortiert er solche Eindrücke und gleicht sie mit Erinnerungen ab, die auf gemeinsamen Erlebnissen basieren. Im Internet verhält es sich anders. Wir wählen besonders bei Bildern den Ausschnitt ganz bewusst, damit unser Gegenüber nicht sieht, wie die Unterschenkel schlackern, die Hacken beim Treiben hochgezogen werden oder die Hände nicht stets geschlossen sind. Die Möglichkeiten des Internets machen aus uns so einen Reiter, wie wir uns selbst konstruieren möchten. Damit es auch echt wirkt, baut man hin und wieder kleine Schwächen in die Storys ein, immer nach dem Motto: „Gehabten Schmerz erträgt man gern".

Und dennoch liebe ich diese neue virtuelle Welt. Da gibt es so unendlich viele Möglichkeiten, die sich nach und nach erweitern. Ein Beispiel: Seit einiger Zeit pflege ich einen regen Austausch mit einer ehemaligen Eiskunstläuferin aus der Schweiz, die binnen kürzester Zeit auf Pferd umgesattelt hat und nun den geplatzten Traum vom möglichen Olympiagold mit der faszinierenden Welt des Reitsports kompensieren will. Fast täglich teilt sie neue Storys, in denen ich ihren Weg zur Sportreiterin verfolgen kann. Und was ich besonders mag, sie beantwortet all meine Fragen, ohne dass ich eine Woche auf eine Antwort von ihr warten muss. Nebenbei lerne ich viel über ein Land, das zwar mitten in Europa gelegen ist, aber nicht zur EU gehört und dass deutsche Bezeichnungen für ein Objekt sprachliche Vielfalt aufweisen. Demnächst kommt ein „Päckli" mit einer speziellen Bürste, welche den Fellwechsel unseres Pferdes erleichtern soll. Diese habe ich mir auf ihre Empfehlung hin bestellt und kann ihr virtuell berichten, wie ich sie demnächst bei Coba in Anwendung bringe. Manchmal frage ich mich, ob sie wirklich so sympathisch ist, wie sie mir im Internet begegnet. Das würde mir gefallen und vielleicht treffen wir uns mal tatsächlich eines Tages bei einer Reitsportmesse auf halbem Wege zwischen Zürich und Leipzig. Ein persönliches Gespräch an der Bande oder auf dem Reitplatz können aber all diese liebenswerten virtuellen Reiter niemals ersetzen, allenfalls ergänzen.

Lektion: wie damals

Nachdem meine letzte Reitstunde auf Coba mich mal wieder auf den Boden der Tatsachen und moralisch fast bis an die Tür zum Keller führte, benötigte ich dringend ein motivierendes Erlebnis auf einem Pferd. Vermutlich teilen andere Reiter meine Erfahrung und fragten sich gelegentlich, wo die langsam erarbeiteten Fortschritte vorangegangener Lektionen abgespeichert sind, wenn mal wieder nichts gelingen will. Ich kann nur dringend empfehlen, sich in solchen Fällen mal bewusst und vorurteilsfrei auf ein anderes Pferd zu setzen.

Da ich ja meinem Reiterhof in Leutzsch treu geblieben bin, ergibt sich regelmäßig die Möglichkeit, meine reiterlichen Fähigkeiten parallel zu Coba an einem Schulpferd zu überprüfen. Oft gelingt es mir dort sogar, den Kopf regelrecht auf „Spaß am Reitsport" umzuschalten, was sich nicht selten in Erfolgserlebnissen bezahlt macht. Bisher habe ich Geländestunden nicht unter der Rubrik „Lektion" empfunden, weil man in der Regel Teil einer Abteilung ist und selbst wenn man an der Spitze reiten darf, doch den Anweisungen der begleitenden Reitlehrerin folgt. Diese hat einen von hinten im Visier und merkt sofort, ob man gerade sitzt oder sogar im Gelände bestimmen kann, ob das Pferd im Rechts- oder Linksgalopp anspringt.

Nicht so am heutigen Tag, denn wegen der anhaltenden Corona-Krise ist die Anzahl der Reiter auf zwei begrenzt und eine begleitende Reitlehrerin kommt noch hinzu. Ich erhielt eines meiner Lieblingspferde, welches optisch dem wiedergeborenen *Kleinen Onkel* aus *Pippi Langstrumpf* zum Verwechseln ähnlich sieht, nur dass es größer ist und die Punkte wirklich echt sind. Ich wurde gefragt, ob ich nicht an der Spitze reiten wolle und ich zweifelte kurz, weil mir dies in der letzten Woche nicht gelungen war. Ich bekam damals den *Kleinen Onkel* einfach nicht am ersten Pferd vorbeigeritten und reihte mich an zweiter Stelle ein. Diesmal zögerte ich nicht so lange, ritt los und es klappte ohne Diskussion mit meinem Reittier, die Mini-Abteilung anzuführen. Da ich die Wege in unserem Gelände sehr gut kenne, ließ mir Selina, unsere heutige Reitlehrerin, freie Wahl. Ich durfte praktisch alles selbst entscheiden. Ganz so wie damals als Hilfsreitlehrer in Leutzsch. Im Bewusstsein, dass man mir die Verantwortung übertragen hatte, schaltete mein Gehirn auf „Vorbild" und die Last des Zweifels fiel wie ein regennasser Umhang von mir ab. Ich wählte die Galoppstrecken aus, von denen ich wusste, dass sie länger waren, als es sonst in einer normalen Geländestunde üblich war. Der Untergrund war in einem für Auenwälder recht gutem Zustand, nur die Menschenmassen eher ungewohnt. Klar, das Virus hatte die Bevölkerung aus der Innenstadt mit seinen zahlreichen Läden und Restaurants verbannt und in die stadtnahen Erholungsgebiete getrieben. Auf allen Reitwegen, die wir sonst benutzen durften (und das sind nicht wirklich viele), tummelten sich Fußgänger, Jogger, Radfahrer und natürlich jede Menge Hunde. Es gab also für die Pferde unterwegs diverse Möglichkeiten, sich vor ungewohnten Situationen im Gelände zu erschrecken, was tatsächlich auch passierte. Selbst zwei aus dem Grün des Bärlauchs auffliegende Blaumeisen ließen mein Pferd kurz scheuen, aber ich konnte mich gut halten, denn alles andere wäre ja in meiner Position schlichtweg peinlich gewesen.

Auch zeitlich passte die Wegstrecke, sodass es am Ende dieser Geländestunde nur zufriedene Mitreiterinnen und in meinem Fall ein überglückliches Gesicht gab. Die Freiheit, selbst entscheiden zu dürfen, gab mir die Zuversicht zurück, dass ich mehr kann als nur die korrekte Hilfengebung für alle Gangarten. Es gelang, das Tempo zu variieren und an Straßen und Bahnunterführungen sicher anzuhalten. Während dieser Lektion im Gelände lernte ich etwas ganz Wichtiges: Verliere niemals das Vertrauen in deine eigenen Fähigkeiten.

Bulgarien: Flucht durch die Königskerzen

„Ihr seid unsere ersten Touristen, welche nicht mit dem Flugzeug angereist sind, sondern mit dem eigenen Auto …“, begrüßte uns Lubomira, eine hübsche junge Bulgarin mit langen schwarzen Haaren auf Englisch. Es war noch zeitiger Vormittag, wenngleich die Hitze, die aus der Ebene nahe der Großstadt Plovdiv zum kleinen Hotel am Rande der Rhodopen herüberwehte, bereits drückend über der Landschaft lag. Unsere Taschen im Auto verstaut, folgten wir ihrem Geländewagen mit unserem PKW. Knapp vierzig Kilometer rollten wir stetig bergauf und die intensiv grün bewaldeten Berge eines Mittelgebirges schlossen uns ein. Durch die geöffneten Fenster des Autos drang angenehm kühle Luft und machte die Klimaanlage überflüssig. Ein kurzer Blick auf die Anzeige des Smartphones verriet meiner Frau, dass wir unser Ziel in zirka tausendfünfhundert Metern über normal Null an einem Haus im Wald erreicht hatten.

Für eine Woche blieb das Fahrzeug, welches uns in mehreren Etappen über Tschechien, Österreich, Ungarn und Rumänien schließlich bis nach Bulgarien gebracht hatte, hier in luftiger Höhe stehen. Wir tauschten die bequemen Autosessel gegen Sättel und erkundeten reitend auf Bergpfaden sowie alten Römerstraßen ein Land, welches zu den dünn besiedelten Gegenden Europas zählt. Mit dem Zerfall des Sozialismus wanderten viele junge Leute ins westliche Ausland ab und schicken nun für die Verwandtschaft Geld ins Heimatland. Manchmal besucht man sich auch zur Ferienzeit, doch ist dies kein Aufenthalt auf Dauer.

Bulgariens Landschaft scheint von der schrittweisen Entvölkerung zu profitieren, denn die Natur wirkt teilweise so unberührt und sich selbst überlassen, wie man sie nur mit viel Aufwand in geschützten Gegenden Deutschlands so erhält.

Unser bulgarischer Reitführer, in meinen Augen ebenfalls ein junger Mann von kaum dreißig Jahren, verteilte an uns Touristen die fertig gesattelten Pferde nach einem nicht erkennbaren Prinzip. Zeit für ein längeres gegenseitiges Kennenlernen hatte er nicht eingeplant. Eine mittelgroße Schimmelstute, welche aus edler Zucht stammen soll, wurde mir zugeteilt, während Susanne auf einem kräftigen dunkelbraunen Wallach Platz nahm und mit ihm die Richtung des einzuschlagenden Weges ausdiskutierten musste. Der Trail durch die Rhodopen hatte so unvermittelt begonnen, dass wir in Gedanken noch gar nicht angekommen waren, obwohl die Pferde sich schon längst in Bewegung gesetzt hatten. Das sommerliche Wetter, der blaue Himmel mit seinen weißen Wolkenschiffen und eine Vielzahl bunter Schmetterlinge, die mal vor uns flatterten oder sich auf der Blütenpracht am Wegesrand sammelten, zogen uns jedoch schnell in ihren Bann. Einen Wanderritt durch die Berge zu buchen, wie war ich nur auf diese Idee gekommen? Komfortable Trab- oder Galoppstrecken würde man hier kaum finden und aus dem Urlaub in Rumänien war mir der allgegenwärtige Wald nur zu gut in Erinnerung.

Als Reiseziel stand Bulgarien auf der Liste europäischer Länder, die ich gern reitend erleben würde, nicht ganz oben. Unsere Urlaubsplanung für 2019, verbunden mit der weiten Anreise per Auto, war vielmehr das Ergebnis einer spannenden Lektüre von Elizabeth Kostava, welche uns ein

Freund empfohlen hatte. Im Roman *Der Historiker*, welcher die Jagd nach dem berühmtesten aller Vampire erzählt, ist auch eine faszinierende Reisebeschreibung Südosteuropas verpackt. Diese führte uns über mehrere Stationen, welche wir zuvor besucht hatten, bis nach Bulgarien.

Die Ereignisse unserer aufregenden Reise bis hierher verblassten relativ schnell in der klaren Bergluft. Die Wege, welche wir hier zu Pferde zurücklegten, schienen auch nicht ganz so einsam wie jene durch die rumänischen Karpaten. Auf Vampire würde man tagsüber gewiss nicht treffen.

Doch weit gefehlt, denn gleich am ersten Aussichtspunkt wurden die Pferde von Blutsaugern mit grünen Facettenaugen förmlich überfallen. Die riesigen Bremsen steuerten den ungeschützten Bauch der Tiere an, wo der Sattelgurt schweißnass klebte. Dort bissen sie sich regelrecht fest und saugten Blut, bis alle Pferde offene Stellen am Bauch hatten, wo sie sich nicht mit dem Schweif die Plagegeister vom Leibe halten konnten.

Susannes Wallach versuchte mit den Hinterbeinen unterzutreten und so die Insekten loszuwerden. Von den Erklärungen unseres bulgarischen Reiseführers bekam sie kaum etwas mit. Sie mühte sich redlich, ihr Pferd auf dem Hochplateau, wo wir uns gerade befanden, einigermaßen ruhig zu halten. Bogdan, so hieß unser Guide, schien davon wenig beeindruckt. Mit der Geste eines Feldherrn schwenkte er seinen Arm über eine grandiose Panoramaaussicht. Er deutete die kommenden Etappen des Trails in der Landschaft an, zeigte auf bewaldete Gipfel einer langgezogenen Bergkette vor uns und deutete auf scheinbar weit in der Ferne liegende Ortschaften. Ungläubig starrten wir auf in die uns fremde Landschaft vor und unter uns, ohne auch nur eine der von ihm benannten Landmarken zu erkennen.

Dann erreichten wir eine wunderschöne Wiese, die von einem Meer aus Königskerzen überzogen schien. Das friedliche „Gebimmel“ grasender Schafe im Ohr deute auf die Anwesenheit von Hirten mit ihren Hunden hin. Dabei wurde unser Reitertrupp schon längst von wachsamen Augen beobachtet. Die Meute, bestehend aus mehreren Tieren, hatte sich geschickt verteilt. Zwei stattliche Hütehunde griffen die Vorhut, bestehend aus unserem Guide, an, während sich mindestens sechs weitere Hunde im Gebüsch versteckt hielten, um das Feld von hinten aufzurollen. Vom Hirten war keine Spur, sodass die Hunde ihrem Instinkt folgend zum direkten Angriff übergingen. Bogdan schlug einen flotten Galopp an, welcher hier auf der Wiese auch möglich war. Seine zwei Angreifer dicht auf den Versen bog er nach links und gab uns Signal, dem Weg galoppierend zu folgen. Also stürmten wir dahin, während die Meute ihre Chance witterte, sich das einzeln abgedrängte Pferd zu schnappen. Unser Guide hielt sich noch ein wenig damit auf, uns genügend Vorsprung herauszuarbeiten, bevor er im gestreckten Galopp die Angreifer abschüttelte. Einen so aufregenden Start hatten wir nicht erwartet und als wir nach reichlich zwei Stunden einen Rastplatz erreichten, war endlich Zeit, sich näher vorzustellen. Das Erlebnis mit den Hütehunden schien allerdings nicht näher erwähnenswert. Es war ja niemand zu Schaden gekommen. Nach reichlich gutem Essen mit deftig gegrilltem Fleisch überzog ein grollender Donner die Berge und gab Signal zum Aufbruch. Das Gewitter entlud sich diesmal nicht über uns, wenngleich wir an einem anderen Tage erleben sollten, wie schnell sich das Wetter hier zu ändern vermag. Uns standen reichliche zweieinhalb Stunden im Sattel bevor, wobei es stetig bergab ging und meine physische Kondition unter der Tatsache litt, dass wir uns nur im Schritt vorwärtsbewegten. Der erste Zauber der Landschaft verflog auf dem langen gewundenen Pfad, der scheinbar kein Ende nahm. Rechts neben unserer Strecke öffnete sich der Blick in ein lang gezogenes Tal, wo jemand Schwalbennestern gleich steinerne Häuschen an die Berghänge geklebt zu haben schien.

Die Ortschaft Kosovo lag vor uns und wir erfuhren, dass sie gegenwärtig nur noch sieben ständig dort ansässige Einwohner zählt. Das Schicksal dieses Ortes sei typisch für viele Bergdörfer in den Rhodopen, welche von ihren einstigen Bewohnern verlassen wurden. Die Pferde ließen wir außerhalb der Siedlung auf zwei kleinen Koppeln grasend zurück und liefen zu Fuß weiter ins Zentrum der einsamen Bergsiedlung. Eine Frau, ihre Schulten auf zwei scheinbar uralte hölzerne Stelzen gestützt, nickte uns freundlich zu. Vor ihrem Haus stehend rief sie in einer fremden Sprache einen Gruß, den Bogdan erwiderte. Sie sei bereits einhundertdrei Jahre alt und damit die älteste Bewohnerin im Dorf erklärte er uns.

Es ging immer noch bergab und die Anzahl der scheinbar unbewohnten Gebäude nahm zu. Man öffnete uns die kleine Kirche, deren erstaunliche Innenausstattung von einer Ikonenwand beherrscht wurde. Über ihr erhob sich ein hölzernes Kruzifix und darüber blätterte bereits der Kalkverputz einer tonnenartig gewölbten Decke ab. Bräuchte man eine perfekte Kulisse, um den Glauben an Vampire und Wiedergänger eindrucksvoll in Szene zu setzen, so befanden wir uns mittendrin. Wir waren tatsächlich in einem Land angekommen, welches sich in entlegenen Winkeln den Charme einer längst vergangenen Epoche bewahren konnte.

Unsere liebevoll restaurierte Unterkunft für diesen Abend versprach dem entlegenen Ort in den Rhodopen eine andere Zukunft. So langsam entsinne man sich auch in Bulgarien der wahren Reichtümer des Landes. Die Natur der Rhodopen mit ihrer herrlichen Landschaft, welche schon einst von römischen Heer- und Handelsstraßen durchzogen war, werde für gestresste Hauptstädter ein interessanter Rückzugsort. Auch kämen immer mehr Ausländer auf der Flucht vor ihrer Zivilisation in die Abgeschiedenheit der Bergwelt. Manche der alten Häuser sind nicht mehr dem Verfall preisgegeben, sondern verwandeln sich in Orte eines wachsenden Tourismus. Es ist fraglich, ob man in zwanzig Jahren noch jene Romantik verspüren wird, welche wir bei unserer Ankunft hier erlebten.

Lektion: wohl doch eher „Western“?

Normaler Reitunterricht findet wegen der weiterhin bestehenden Ausgangsbeschränkungen nicht statt, da sportliche Aktivitäten hinsichtlich des Reitens lediglich der „artgerechten Haltung von Tieren“ dienen dürfen. Die Instruktionen, welche ich in dieser Stunde erhalte, passieren eher von Reiter zu Reiter, denn meine Lehrerein sitzt ebenfalls „hoch zu Ross“ und lässt die überschüssige Energie eines Schimmels mit gezielten Übungen auf dem Reitplatz in gelenkten Bahnen abfließen. In der Mitte liegt ein Dreieck aus Stangen und auch auf dem ersten Hufschlag sind vier Stangen angeordnet, um die Pferde im Trab dazu zu bewegen, ihre Beine ordentlich zu heben. Die Erwärmung im Schritt läuft recht gut, wenngleich ich mir zum wiederholten Male anhören darf, dass ich mit den Händen rückwärts richtende Bewegungen mache. Dafür klappt es mit Coba sehr ordentlich, die äußeren Ecken des Stangendreiecks zu passieren, ohne dass es klappert. Zeit, einen Gang höher zu schalten und nun im Trab eine Aktivierung des Pferdes vorzunehmen. Ob es nun am Frühling und dem schönen Wetter liegen mag, seit der letzten Lektion sitze ich tatsächlich etwas entspannter auf Coba, gebe ihr Zügel hin und bemühe mich mehr nach Gefühl als nach Regelwerk zu reiten. Heidi ist mit ihrem Schimmel gut beschäftigt und ich versuche ihr eher mit etwas Abstand zu folgen, damit ich bei den Übungen etwas mehr im toten Winkel bleibe und mich auf mich selbst konzentrieren kann. Es klappt zunehmend besser, Coba direkt im Dreieck umzustellen, dabei umzusitzen und dennoch nicht aus dem Trab zu fallen. Beim Überreiten der Stangen auf dem ersten Hufschlag achte ich bewusst darauf, mit der inneren Hand nachzugeben und schneller zu treiben, damit die Hinterhand meines Pferdes aktiviert wird.

„Na, das sieht doch ganz gut aus“, höre ich den Kommentar meiner Lehrerin, denn das periphere Sehen scheint bei Frauen wesentlich besser ausgeprägt zu sein als bei mir.

Dann galoppiert Heidi ihr Pferd schön versammelt an und ich schaue von der Mitte aus zu. Galopp, das hat doch schon mal sehr gut funktioniert, liegt allerdings einige Reitstunden zurück. Jetzt brauche ich nur daran zu denken und falle offenbar schon moralisch in mich zusammen. Und nachdem mich Heidi ermutigt, es doch mal in dieser Gangart zu versuchen, finde ich einfach den Gashebel meines Pferdes nicht. „Dann stell sie doch mal mehr zusammen, so wie wir das in den letzten Stunden häufig geübt haben.“

Ich nehme die Zügel auf und es folgt der Ansatz eines Galoppsprungs. Mehr aber auch nicht.

„Schade, beginn doch nochmal von vorn!“

Verdammt nochmal, warum hat das früher einfach so funktioniert und jetzt nicht mehr, frage ich mich.

„Ich glaube, du behinderst sie im Maul und lässt den ersten Galoppsprung nicht raus. Es ist, wie ich dir sage, du hältst dich einfach an den Zügeln fest. Probiere es doch mal aus dem Leichttraben!“

„Ich könnte sie ja in eine Hand nehmen“, schlage ich vor und sie schaut mich ungläubig an.

„Meinetwegen, nur damit ich sehe, ob das klappen könnte“, gibt sie unwillig nach.

Gerade befinde ich mich auf der linken Hand, nehme die Zügel in meine rechte und schwenke die Gerte sichtbar nach links außen. Ein Ruck durchfährt das Tier unter mir und schon sind wir im Galopp. Ich lehne mich gemütlich zurück und genieße das galoppierende Pferd, ohne mir Sorgen zu machen, dass sie gleich wieder einen Gang runterschaltet. Die Befreiung in meinem Kopf passierte wie auf Knopfdruck und Heidi strahlt begeistert. „Wohl doch eher ein Westernreiter?“, kommt prompt ihr Kommentar. „Möchtest du das nochmal auf der anderen Hand probieren?“

Die Gelegenheit, so zu reiten, wie ich es offenbar beherrsche, lasse ich mir nicht entgehen. Coba galoppiert ruhig an, ohne irgendwie unwillig zu reagieren.

„Beine lang und weiter“, feuert mich meine Reitlehrerin an.

Nachdem ich Coba durchpariert habe, verabschiedet sich Heidi vom Platz mit den Worten: „Na, dann kann ich dich ja jetzt allein lassen. Trab sie noch ein wenig ab, aber pass auf, dass du nicht wieder alles kaputt machst. Sie hört dir doch zu. Da passiert heute wirklich nichts mehr.“

Die Frühlingssonne scheint warm und ich fühle mich unendlich erleichtert. Reiten zu lernen, funktioniert nicht automatisch, indem man immer mehr Lektionen bucht. Verspürt man eine Blockade, helfen manchmal nur unkonventionelle Mittel, die nicht im Lehrbuch stehen, um diesen Punkt zu überwinden. Ich habe nicht vor, meinen Reitstil auf „Western“ zu wechseln, wenngleich die Versuchung nach dieser Lektion groß ist, manchmal einen einfacheren Weg zu beschreiten.

„Wiedersehen" bei der Pferdemesse

Freundschaften über einen langen Zeitraum stabil zu halten, bedarf einer gewissen Anstrengung. Die Dynamik der persönlichen Lebensläufe stellt einen weiteren Faktor dar, ob man sich nicht irgendwann aus den Augen verliert. Zwar bildet mein alter „Ponyhof" noch immer den Ankerpunkt meiner Kontakte, aber nur noch einen Bruchteil sieht man dort tatsächlich. Manchem begegnet man noch virtuell in den sozialen Netzwerken. Aber es gibt noch eine jährlich wiederkehrende Veranstaltung, bei der man den einen oder anderen real trifft, um sich am Reitsport zu begeistern. Die Messe „Partner Pferd", welche seit Jahren tausende von Menschen im Januar nach Leipzig lockt, bietet nicht nur allerlei Ausrüstung für Pferd und Reiter, sondern auch Weltranglistenturniere im Springreiten und dem Fahren von Vierspännern. Und wer dem Sport treu geblieben ist, den verschlägt es früher oder später dorthin oder er sichert sich frühzeitig die begehrten Turnierkarten.

Seit einigen Jahren verläuft der Sonntag stets nach einem ähnlichen Muster. Es beginnt damit, dass wir uns vornehmen, nicht zu spät dort zu sein. Scully, unser Hund, kommt zur Schwiegermutter und danach geht es mit einem Budget an Bargeld nebst Geldkarte und Eintrittskarten zum Messegelände. Unser Eintreffen zwischen 9.30 Uhr und 10.00 Uhr fällt mit einem großen Zustrom an Besuchern zusammen, sodass man genügend Zeit hat, die inzwischen auf sechs Euro gekletterte Parkgebühr passend herauszusuchen. Der Strom von Menschen aus allen Landesteilen wälzt sich zur Glashalle des neuen Messegeländes. Nur noch schnell die Röhren der Zugangswege zu den Hallen passieren, dann kann man den Duft von Heu, Stroh und Pferdemist inhalieren. Da weiß man, ein Jahr ist vergangen, und fühlt sich, als ob es gestern gewesen wäre. Als langjähriger Besucher weiß man, wo man was findet, denn es kommen meistens die gleichen Aussteller. Der Italiener mit seinen Lederwaren, der Niederländer mit dem sehr bunten und vielfältigen Sortiment, welcher einem „Tante-Emma-Laden“ für Reiter gleicht und, was vielleicht das Wichtigste überhaupt ist, überall Schabracken. Ich wette, dass jeder dritte Besucher mindestens eine dieser unverzichtbaren Sattelunterlagen erwirbt und wenn nicht das, dann wenigstens eine Reitgerte, von denen es ebenfalls eine unüberschaubare Zahl gibt. Ich gebe zu, dass ich mir auch jedes Mal eines dieser Dinge zulege, obwohl das vom Vorjahr noch funktionsfähig ist.

Dies ist nicht die einzige Entscheidung, welche den Besuch der Messe leicht in Stress ausarten lassen kann. Bleibt als nächstes die Frage, ob man mit dem Einkaufsbummel beginnt oder gleich das Turnier besucht. Die Pausen zwischen den Programmpunkten sind ja dann noch vom Anstehen an den Toiletten geprägt. Von denen gibt es meiner Meinung nach zu wenige für die mehrheitlich weiblichen und damit benachteiligten Besucherinnen. Das erkennt man schon daran, dass Männer mit dem Beutegut des Shoppings in den Gängen herumstehen und aneinander vorbeischauen. Dieses Schauen erfüllt allerdings einen wichtigen Zweck. Man sieht Leute vorbeimarschieren, gerade so wie bei einer Parade. Und weil die Toiletten so positioniert sind, dass die Anzahl vorbeihuschender Menschen gering ist, erblickt man nicht selten genau diejenigen, welche man in den Jahren zuvor aus den Augen verloren hatte. Meist ist es sogar umgekehrt. Man(n) wird „entdeckt“ und verstopft die Durchgänge noch etwas mehr. Kommt die Frau genervt vom WC, dann steht der Mann mit einer Wildfremden herum. Bedarf es einer Erklärung der Situation? Ja, die Messe „Partner Pferd“ erfüllt wie ein Überraschungsei gleich drei Wünsche auf einmal: Shopping, Entdeckerfreude und Spannung. (Letzteres natürlich mehr bei den sportlichen Wettkämpfen, oder was hatten Sie gedacht?) Wenn die Fanfaren der Siegerehrungen verklungen sind und die Händler wild einpacken sind, schnappt man sich noch drei Eimer mit bunten Pferdeleckerli und natürlich auch solche für den Hund, welcher treu und brav gewartet hat, bis man ihn vom Kurzurlaub abholt. Die obligatorische Frage, ob wir uns im nächsten Jahr wieder treffen werden wurde längst wie im berühmten Silvester-Sketch beantwortet: *The same procedure as every year.*

Lektion: „Training ist nicht spektakulär“

Nachdem ich viele Reitstunden bei Heidi absolviert hatte, ergab sich die Gelegenheit zu einer Art „Zwischenprüfung“, denn auf dem Reiterhof fand ein Lehrgang mit einem Trainer statt, der beruflich Lektionen bis Klasse „S“ vermittelt. Ich hatte ihn schon mal als Zuschauer erlebt und wusste, dass ich mich bei aktiver Teilnahme vor allem auf leicht verwirrende Fragestellungen einzurichten hatte. Meine Erwartungshaltung an diese Spezialreitstunde war dennoch hoch und so schwankte ich vorher zwischen leichter Anspannung aber auch einer gewissen Zuversicht. Natürlich hatte ich mir auch so etwas wie eine Bestätigung meiner Reitweise als Feedback gewünscht. Das haben Prüfungen wohl so an sich und damit lag ich mit meiner Vorstellung schon mal sehr weit ab von der Realität seines Vermittlungsansatzes. Gleich in den ersten Minuten erfuhr ich, dass es zur menschlichen Natur in unserer Gesellschaft zählt, den mit rot angekreideten Fehlern eine zu starke Bedeutung beizumessen und viel zu wenig auf die „grünen Häkchen“ des richtig Gemachten zu schauen.

Als ich dem Trainer mein erhofftes Ziel der Stunde, ein Angaloppieren auf den Punkt zu schaffen, erklärte, schränkte er sofort ein: „Wir sind hier nicht auf einem Turnier. Da spielt der Punkt zunächst keine Rolle. Reite erstmal los und mach alles so, wie du es am Anfang machen würdest.“

Unter den Blicken von Heidi, die sich als Zuschauerin eingefunden hatte, und dem Videoauge von Susannes Handykamera versuchte ich, mustergültig anzureiten und das Pferd durch entsprechende Übungen möglichst schnell in

Anlehnung zu bringen. Es gelang mir nicht so recht, spielte aber im Gegensatz zu sonst auch keine maßgebliche Rolle. Aus den Augenwinkeln beobachtete uns der Trainer, wie wir in die Gangart Trab wechselten. Dann hatte ich seine Aufmerksamkeit. Hier war es ihm besonders wichtig, dass nach den ersten noch auszusitzenden Schritten erstmal alles geordnet war, bevor man ins Leichttraben übergehen sollte. Klasse, dachte ich. Endlich habe ich mal Zeit, die Zügellänge einzurichten und vor allem darauf zu achten, dass meine Unterschenkel ruhig am Pferdebauch bleiben. Selbst zu entscheiden, wann etwas passt, fühlte sich richtig gut an. Auch die Wechsel in den Übergängen zwischen Schritt und Trab funktionierten diesmal mit wenig Kraftaufwand. Dann sollte ich Volten reiten, dazwischen mal durchparieren und wieder losreiten.

Die nächste Fragestellung wusste ich nicht zu beantworten. „Warum wiederholen wir die gleiche Übung mehrfach?"

Meine Antwort, „um eine Art Lerneffekt zu erzielen", entsprach nicht recht seiner Meinung. „Wir wiederholen vor allem, damit wir sicherer werden und den Druck für das Pferd rausnehmen können."

Noch bevor wir zur gewünschten Galoppübung kamen, sollte die zweite Reitschülerin, welche abwechselnd mit mir Hinweise von ihm bekam, absitzen, drei Schritte laufen und, wenn er „jetzt" sagte, sofort nach rechts abwenden. Dann demonstrierte er uns, wie er das gemeint hatte und ließ sie loslaufen. Wenn sein „Jetzt!" hörbar über den Platz schallte, versuchte die Reitschülerin so schnell wie möglich zu reagieren und er war mit dem Ergebnis praktisch nie zu frieden. Da auch die Zuschauer am Rand nicht helfen konnten klärte er zwei wichtige Fakten auf. Man solle die Reitschüler doch mal die Aufgabenstellung mit eigenen Worten wiederholen lassen und man würde sehr schnell merken, dass diese oft etwas von den Originalanweisungen abweichen. In ihren Köpfen hätte sich bereits ein Bild festgesetzt, wie sie sich vorstellen würden, die Anweisung praktisch umzusetzen. Das wäre meist schon etwas anderes, als vom Lehrer konkret gefordert. Folglich gleicht ein Reitschüler manchmal seine Fähigkeiten mit dem ab, was er leisten soll, und gibt als Antwort das, was er sich zutraut, zu realisieren.

Der zweite wichtige Aspekt zeigte sich beim Abbiegen auf Zuruf. Ein Kind hätte schnell gesagt, „das geht doch gar nicht“, während ein Erwachsener stets versucht, die Unlösbarkeit kompliziert zu umschreiben. Man verlernt mit der Zeit, seinen kindlichen Instinkten zu folgen und macht Einfaches oft unnötig schwer.

Und während dieser Gedanke noch durch mein Gehirn flutete, waren wir auch schon bei seiner Methode, mir das Angaloppieren zu erläutern. Völlig entgegen meiner sonstigen Erfahrungen sollte ich meinen inneren Unterschenkel recht weit vorn positionieren, dabei die innere Hand hochnehmen, um dadurch meine Hüfte nach vorn zu bringen. Aus dem Schritt heraus durfte ich nun die Galopphilfe geben, während die Gerte zur Unterstützung ebenfalls vorn, am Hals, gelagert war. Ich war unsicher und skeptisch, was Coba zweifellos mitbekommen hatte, und der Trainer auch. Folglich funktionierte nichts auf Anhieb und weitere Korrekturen waren nötig.

Nun musste ich mit der äußeren Hand in die Mähne greifen, damit ich keine Rückwärtsbewegung vollziehen würde, um so dem Pferd den freien Raum nach vorn zu lassen. Nach mehreren Anläufen, bei denen ich innerlich immer genervter wurde, klappten zwei oder drei Galoppsprünge. Sein System hatte letztlich Erfolg, nur empfand ich diesen nicht als solchen. Es war eben ganz anders, als ich es mir gewünscht hatte. Von Leichtigkeit war da nichts zu spüren und nach einem Wechsel auf die linke Hand verfehlte ich mein selbst gestelltes Trainingsziel. Hier werden noch viele Wiederholungen und Übungen nötig sein.

In zwei Punkten stimmten alle meine Reitlehrer bisher überein. Sie würden nichts von mir verlangen, wenn sie nicht wüssten, dass ich es tatsächlich schaffen könnte. Allerdings sahen sie auch, dass ich bei Schwierigkeiten oft viel zu schnell aufgebe.

War es das, was ich zu meiner selbst auferlegten Zwischenprüfung hören wollte? Gewiss nicht, obwohl es wohl niemand hätte treffender formulieren können. Persönliche Grenzen entstehen im Kopf und positive Bilder auch. Letztere sind entscheidend dafür, dass man weder die Geduld noch den Mut verliert, um weiterzumachen.

Der abschließende bildliche Vergleich des Trainers brachte es auf den Punkt: „Wie lernt ein Kind laufen? Es zieht sich hoch, fällt hin, steht wieder auf und plumpst erneut. Das macht es, bis es sich endlich frei bewegen kann. Ein Erwachsener dagegen fällt einmal, steht wieder auf und fällt ein zweites Mal. Den dritten Versuch aufzustehen bricht er mit den Worten ab: Ich habe es versucht, aber es klappt einfach nicht.“

Bestimmt habe ich in den zurückliegenden Monaten viele grüne Häkchen gesammelt und bin mir dessen nur nicht bewusst, weil ich, so seine Worte, „das Training gewinnen wollte“.

Auch bin ich durchaus in der Lage, mal einen Schritt rückwärts zu gehen und von vorn zu beginnen. Vermutlich werde ich alle hier beschriebenen Lektionen in der einen oder anderen Form wiederholen, um den mir selbst auferlegten Druck herauszunehmen. Coba wird es mir mit Ausgeglichenheit danken. Spaß und Freude am Sport zu haben ist doch ein erstrebenswertes Ziel, für das sich es lohnt, immer wieder aufzustehen. Wer hat schon gesagt, dass Reiten „einfach“ ist?

Immer etwas zu spät? – Epilog

Ist der Zug für mich bereits abgefahren, um noch ein passabler Reiter zu werden? Ich sitze scheinbar fest auf einem gut besuchten Durchgangsbahnhof. Dessen Gleise führen in verschiedene Richtungen und es sind außer Signalen und Weichen weder Anfang noch Ende in Sichtweite.

Mein Fleiß, die Ergebnisse der zahlreichen Lektionen chronologisch zu notieren, hatte im Verlauf des letzten Jahres so sehr nachgelassen, dass ich keinen regelrechten „Fahrplan“ erstellen konnte. Der oft so schnell dahingesagte Spruch, „besser spät als nie“, mag zwar im Kern einen positiven Hintergrund haben, aber was das Reiten angeht, so denke ich, dass man gar nicht früh genug damit anfangen kann. Die Unbekümmertheit, mit der man sich jugendlich auf den Rücken des Pferdes schwingt schwindet mit den Jahren, weil das Verantwortungsbewusstsein wächst. Fragen wie die, was passieren könnte, wenn man für längere Zeit wegen eines Sturzes im Job ausfällt, sind unvermeidlich. Wenn es mir gelingt, sie vorübergehend auszublenden, so begleiten sie mich unbewusst im Kopf und erwachen in Gefahrensituationen plötzlich zum Leben. Dennoch ist es wenig hilfreich ständig über die Möglichkeiten im Sinne von „was wäre, wenn ich das schon eher gelernt hätte“ nachzugrübeln. Vermutlich kommt jeder Reiter und jede Reiterin an den Punkt, wo die eigene Entwicklung keinem kontinuierlichen Prozess unterliegt. Diese Erkenntnis kommt nicht zu spät, wenn man bereit ist, an seinen Unzulänglichkeiten zu arbeiten, ohne dabei den Spaß am Reiten aus den Augen zu verlieren.

Würde ich den Reiterhof „Lukas“ mit einem gut besuchten Durchgangsbahnhof vergleichen, dann stellt er für mich so etwas wie einen zentralen Umsteigepunkt dar. Generationen von Reitern kamen dort an, verblieben ein Weilchen, nur um dann auf gestellten Weichen in eine unbekannte Ferne zu entschwinden. Viele interessante Menschen, die ich auf meinem „Haltepunkt“ traf, wollten ähnlich wie ich zunächst einfach nur reiten lernen. Nicht selten haben sie ihre Verbindung genau dort gefunden und anscheinend ihr persönliches Abfahrtssignal genutzt.

Ich blicke auf die abgehenden Gleise, welche in alle Himmelsrichtungen verlaufen. Von Zeit zu Zeit nehme ich einen der hier haltenden Fernzüge, um bei Reiterreisen neue Horizonte zu erblicken.

Aber bisher habe ich immer den Rückweg zu meinem kleinen Heimatbahnhof gefunden. Dort trafen stets neue Reisende ein, die sich Zeit für ein Gespräch nahmen, weil ihr Anschlusszug erst noch kommen würde. Es ist nie zu spät, sich über das gemeinsame Interesse Pferd und die zahlreichen damit verbundenen Erlebnisse auszutauschen.

Auf meinem Fahrplan erscheinen stets unbekannte Ziele, doch ich brauche dafür nicht auf den Zug zu warten, ich habe ja ein Pferd.

Danksagung

Die ersten Zeilen für dieses Buch entstanden nicht, weil ich die Geschichte meiner reiterlichen Vergangenheit erzählen wollte. Sie dienten lediglich als Lernhilfe für meinen Unterricht bei Heidi, der Reitlehrerin, mit der ich praktisch noch einmal von vorn angefangen hatte, richtig reiten zu lernen. Daher gilt ihr mein besonderer Dank, denn die Beschreibung ihrer Lektionen zieht sich gleichsam als „roter Faden" durch die Handlung. Gleichfalls möchte ich mich ganz herzlich beim Besitzer des Reiterhofs „Lukas" in Leipzig Leutzsch und seinem Team bedanken. Seit vielen Jahren verbringe ich einen Teil meiner Freizeit dort und fand so Zugang zu einer der schönsten Sportarten.

Den Anfang zu schreiben war leicht, es bis zum Ende durchzuhalten verdanke ich nur dem Zuspruch einiger sehr guter Freundinnen, insbesondere Natalie, Selina und Catharina, die nach dem Lesen einiger Textauszüge immer nach der Veröffentlichung fragten.

Ohne die vielen sinnvollen Ergänzungen sowie Korrekturvorschläge, welche meine Reitfreundin Amelie während ihrer Sommerferien mit einem pinkfarbenen Stift im Manuskript notierte und die noch kurz vor dem Druck des Buches Beachtung fanden, würde es gewiss viel mehr Fehler geben.

Als letztes möchte ich eine virtuelle Wagenladung Möhren an alle Pferden verteilen, die mir als nur mäßig begabten Reiter „das Glück der Erde" auf ihrem Rücken ermöglichten.

Anhang

kalte ungarische Obstsuppe (Rezept für 6 Portionen)

400g Äpfel

200g Birnen

300g Pfirsiche, Nektarinen oder Aprikosen

500g Mirabellen oder Sauerkirschen

1 Stück Zimtrinde

1-2 Nelken

150g Zucker

750ml Wasser

250ml Schlagsahne (Milch hat weniger Kalorien)

1 Bio- Zitrone (Saft und etwas Zitronenschale)

Äpfel und Birnen schälen, entkernen und in kleine Stücken schneiden. Wasser und Zucker kurz aufkochen lassen, die Gewürze hinzufügen und mit den Apfel- und Birnenstückchen darin zugedeckt kurz weich dünsten lassen. Wenn die Früchte weich (aber nicht zerkocht) sind, etwa ein Drittel davon entnehmen, passieren und die Obstmasse zurück in den Topf zu den restlichen Früchten geben. Das entkernte und gewürfelte Steinobst ca. 15 Minuten vor Ende der Garzeit hinzufügen. Die Suppe mit Zitronensaft, Schlagsahne und Zimt abschmecken und am besten über Nacht im Kühlschrank lagern. Wer mag (und nicht mit dem Auto fahren muss) kann vor dem Servieren gern noch einen Schuss Weißwein zufügen. Bitte schön kalt servieren!

Guten Appetit!